Impressum
Verlag: BABADADA GmbH, Nedderfeld 112 , 22529 Hamburg
Geschäftsführer / Verlagsleitung: Harald Hof
Druck: Books on Demand GmbH, In de Tarpen 42, 22848 Norderstedt

Imprint
Publisher: BABADADA GmbH, Nedderfeld 112 , 22529 Hamburg, Germany
Managing Director / Publishing direction: Harald Hof
Print: Books on Demand GmbH, In de Tarpen 42, 22848 Norderstedt

σχολείο

Schuel

σχολική τάξη
Klassezimmer
διαιρώ
dividiere
186/2
πίνακας
Taflä
σχολική αυλή
Pauseplatz
δάσκαλος
Lehrer
χαρτί
Papier
γράφω
schribe
στυλό
Stift
γραφείο
Schribtisch
χάρακας
Lineal
βιβλίο
Buech
μαθητής
Schüeler

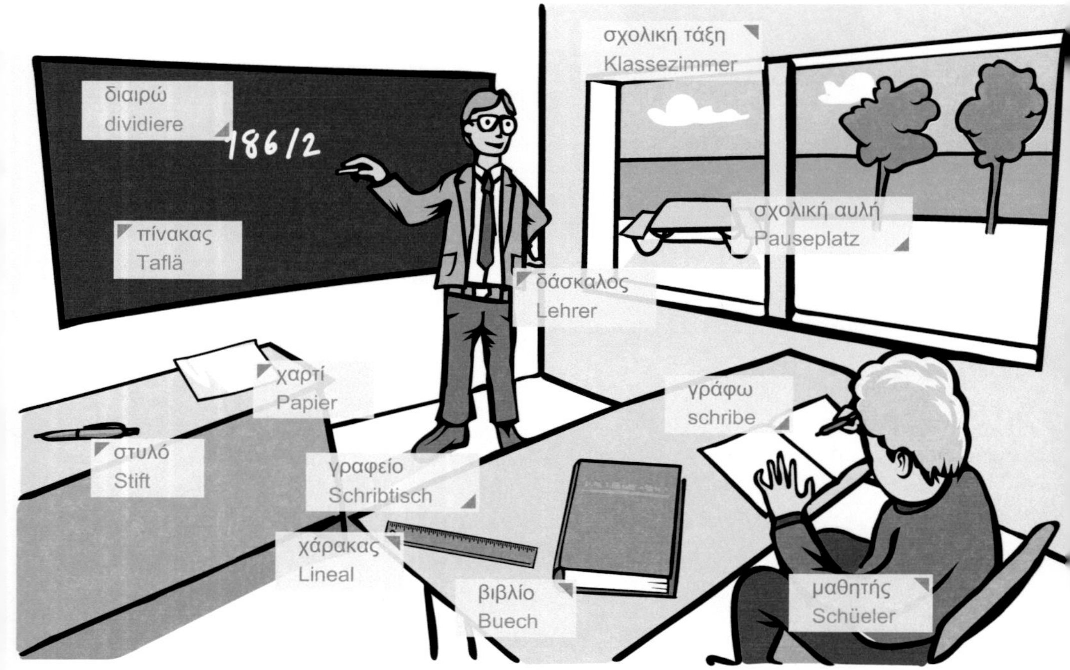

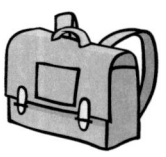

σχολική τσάντα

Thek

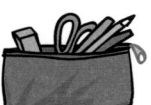

κασετίνα/ μολυβοθήκη

Etui

μολύβι

Bleistift

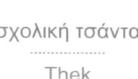

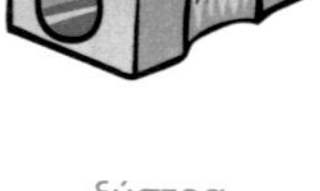

ξύστρα

Spitzer

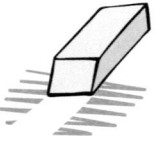

γόμα

Radiergummi

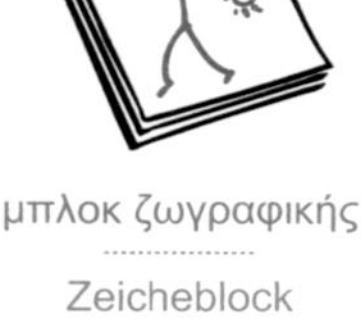

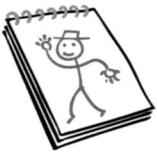

μπλοκ ζωγραφικής

Zeicheblock

ζωγραφική

Zeichnig

πινέλο

Pinsel

κουτί χρωμάτων

Malchaschte

ψαλίδι

Schär

κόλλα

Liim

τετράδιο ασκήσεων

Üebigsheft

εργασία για το σπίτι

Huusufgabe

αριθμός

Zahl

προσθέτω

addiere

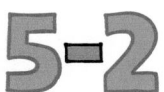

αφαιρώ

subtrahiere

πολλαπλασιάζω

multipliziere

υπολογίζω

rächne

γράμμα

Buechstabe

αλφάβητο

Alphabet

λέξη

Wort

κείμενο

Text

διαβάζω

läse

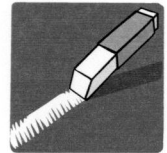

κιμωλία

Kriide

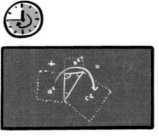

μάθημα

Lektion

εγγράφομαι

Klassäbuech

τεστ

Prüefig

πιστοποιητικό

Zügnis

μαθητική στολή

Schueluniform

εκπαίδευση

Usbildig

εγκυκλοπαίδεια

Enzyklopädie

πανεπιστήμιο

Universität

μικροσκόπιο

Mikroskop

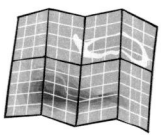

χάρτης

Charte

καλάθι αχρήστων

Papierchorb

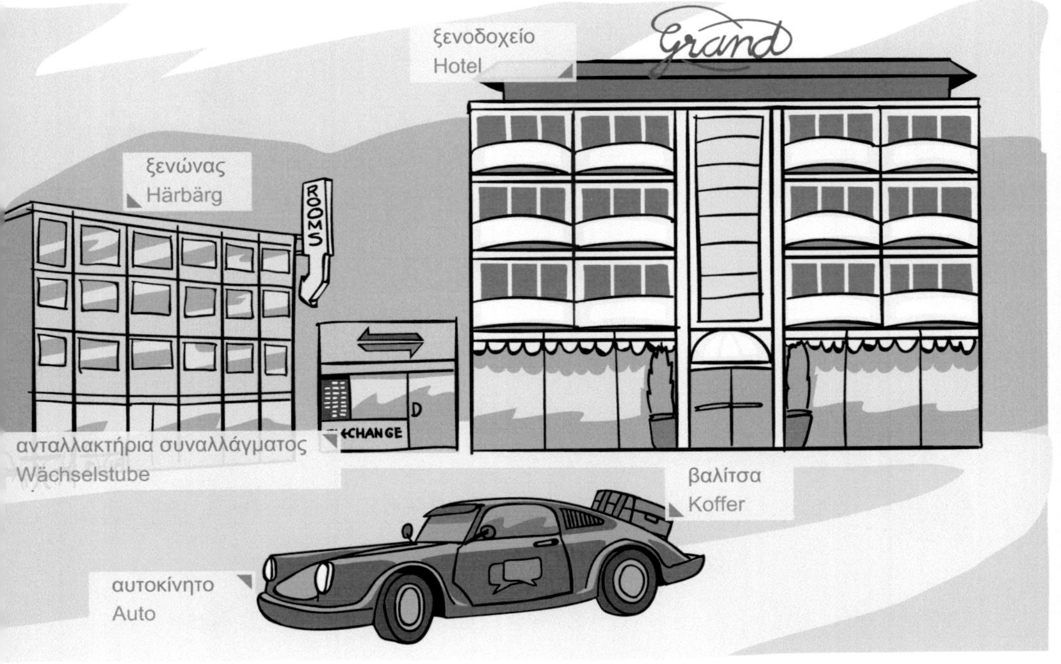
ξενοδοχείο
Hotel
Grand
ξενώνας
Härbärg
ROOMS
ανταλλακτήρια συναλλάγματος
Wächselstube
EXCHANGE
βαλίτσα
Koffer
αυτοκίνητο
Auto

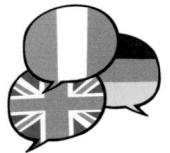

γλώσσα

Sprach

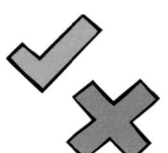

ναι / όχι

jo / nei

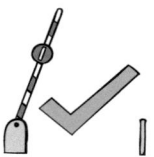

εντάξει

okay

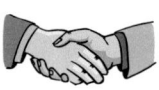

γεια σου

Hallo

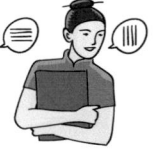

μεταφραστής

Dolmetscher

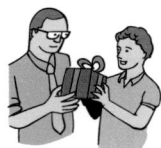

Ευχαριστώ

Dankä

πόσο κάνει ;

Was chostet…?

Δε καταλαβαίνω

Ich vrstahs nöd

πρόβλημα

Problem

Καλησπέρα!

Guete Abig!

Καλημέρα!

guete Morgä!

Καληνύχτα!

guete Abig!

Αντίο

Uf Wiederseh

κατεύθυνση

Richtig

αποσκευές

Bagaasch

τσάντα

Täsche

σακίδιο πλάτης

Rucksack

καλεσμένος

Gast

δωμάτιο

Ruum

υπνόσακος

Schlafsack

σκηνή

Zält

τουριστικές πληροφορίες

Touristeninformation

παραλία

Strand

πιστωτική κάρτα

Kreditkarte

πρωινό

Zmorge

μεσημεριανό

Zmittag

δείπνο

Znacht

εισιτήριο

Billet

ανελκυστήρας

Ufzug

γραμματόσημο

Briefmarke

σύνορα

Gränze

τελωνείο

Zoll

πρεσβεία

Botschaft

βίζα

Visum

διαβατήριο

Pass

μεταφορά
Transport

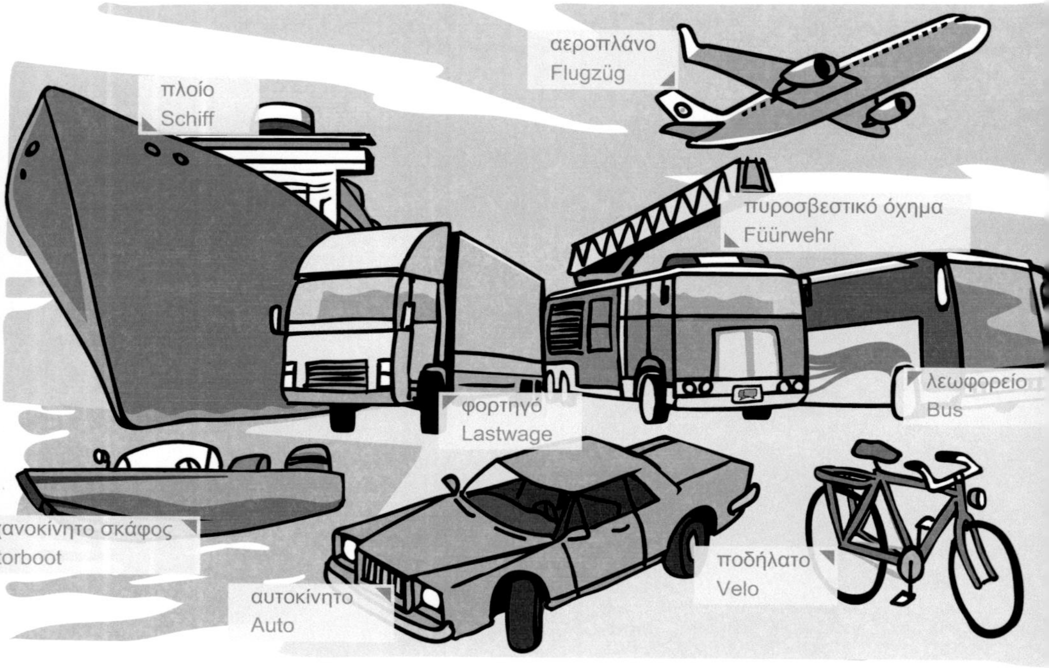
αεροπλάνο
Flugzüg
πλοίο
Schiff
πυροσβεστικό όχημα
Füürwehr
λεωφορείο
Bus
φορτηγό
Lastwage
ηχανοκίνητο σκάφος
otorboot
ποδήλατο
Velo
αυτοκίνητο
Auto

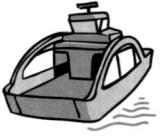

φεριμπότ

Fähri

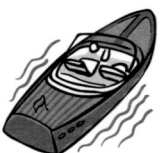

βάρκα

Boot

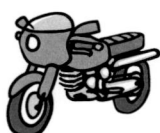

μοτοσικλέτα

Töff

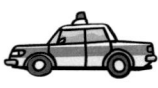

περιπολικό

Polizeiauto

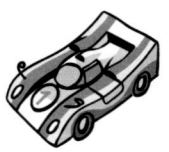

αγωνιστικό αυτοκίνητο

Rännauto

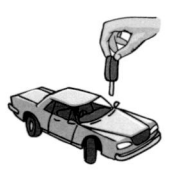

ενοικιαζόμενο αυτοκίνητο

Mietwage

διαμοιρασμός αυτοκινήτων

Carsharing

γερανός

Abschleppwage

απορριμματοφόρο

Chübelwage

κινητήρας

Motor

καύσιμο

Benzin

βενζινάδικο

Tankstell

πινακίδα σήμανσης

Verkehrsschild

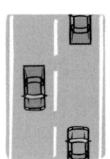

κυκλοφορία

Verchehr

κυκλοφοριακή συμφόρηση

Stau

χώρος στάθμευσης

Parkplatz

σιδηροδρομικός σταθμός

Bahnhof

σιδηροδρομικές γραμμές

Schiene

τρένο

Zug

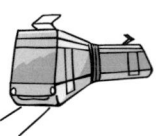

τραμ

Strassebahn

βαγόνι

Wagon

ελικόπτερο

Helikopter

αεροδρόμιο

Flughafe

πύργος

Tower

επιβάτης

Passagier

εμπορευματοκιβώτιο

Container

χαρτοκιβώτιο

Karton

καρότσι

Chare

καλάθι

Korb

απογειώνομαι /
προσγειόνομαι

starte / lande

πόλη
Stadt

χωριό

Dorf

κέντρο της πόλης

Stadtzentrum

σπίτι

Huus

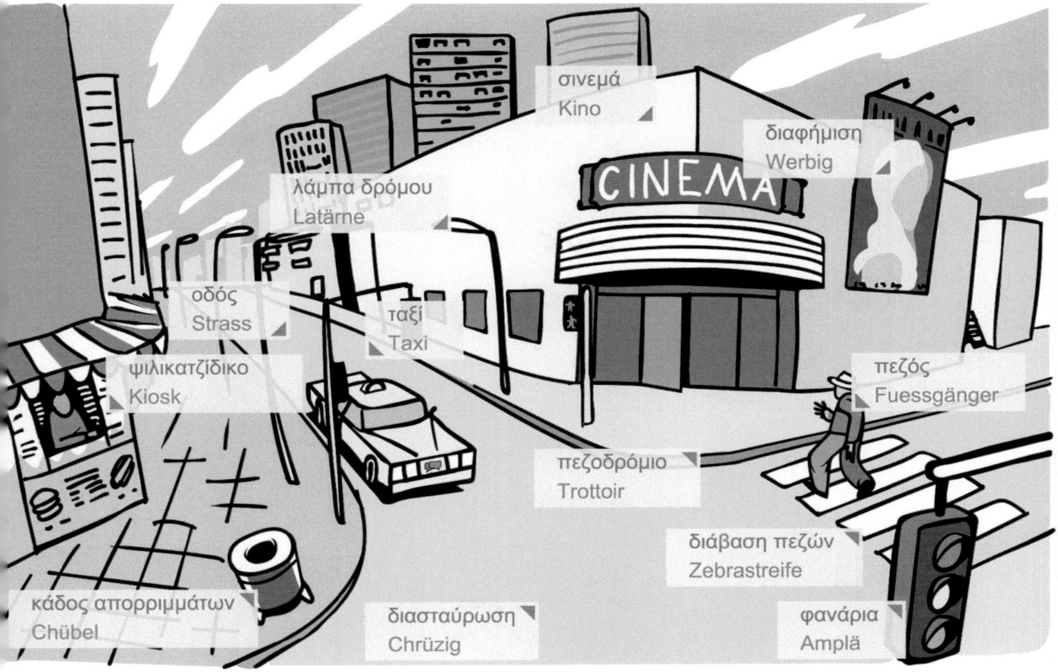

σινεμά
Kino
διαφήμιση
Werbig
CINEMA
λάμπα δρόμου
Latärne
οδός
Strass
ταξί
Taxi
ψιλικατζίδικο
Kiosk
πεζός
Fuessgänger
πεζοδρόμιο
Trottoir
διάβαση πεζών
Zebrastreife
κάδος απορριμμάτων
Chübel
διασταύρωση
Chrüzig
φανάρια
Amplä

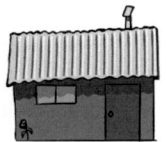

καλύβα

Hütte

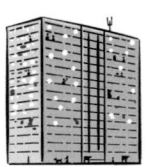

διαμέρισμα

Wohnig

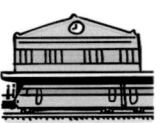

σιδηροδρομικός σταθμός

Bahnhof

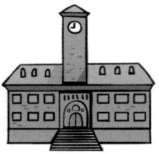

δημαρχείο

Gmeindshuus

MUSEUM
μουσείο

Museum

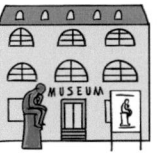

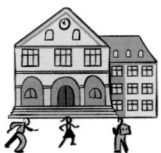

σχολείο

Schuel

πανεπιστήμιο

Universität

τράπεζα

Bank

νοσοκομείο

Spital

ξενοδοχείο

Hotel

φαρμακείο

Apotheke

γραφείο

Büro

βιβλιοπωλείο

Buechgschäft

κατάστημα

Gschäft

ανθοπωλείο

Bluemelade

σούπερ μάρκετ

Läbensmittellade

αγορά

Märt

πολυκατάστημα

Chaufhuus

ιχθυοπωλείο

Fischhändler

εμπορικό κέντρο

Iihkaufszentrum

λιμάνι

Hafe

πάρκο

Park

παγκάκι

Bank

γέφυρα

Brugg

σκάλες

Stäge

μετρό

U-Bahn

τούνελ

Tunnell

στάση λεωφορείου

Bushaltestell

μπαρ

Bar

εστιατόριο

Restaurant

γραμματοκιβώτιο

Briefchastä

πινακίδα δρόμου

Strasseschild

παρκόμετρο

Parkuhr

ζωολογικός κήπος

Zolli

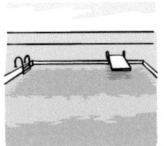

πισίνα

Badi

τζαμί

Moschee

αγρόκτημα

Buurehof

ρύπανση

Umwältvrschmutzig

νεκροταφείο

Fridhof

εκκλησία

Chile

παιδική χαρά

Spielplatz

ναός

Tämpel

τοπίο
Landschaft

φύλλο
Blatt

πινακίδα κατεύθυνσης
Wägwiiser

δρόμος
Wäg

λιβάδι
Wise

πέτρα
Stei

πεζοπόρος
Wanderer

δέντρο
Baum

ποτάμι
Fluss

χορτάρι
Gras

λουλούδι
Bluamä

κοιλάδα

Tal

λόφος

Bärg

λίμνη

See

δάσος

Wald

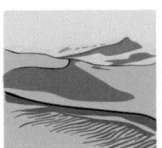

έρημος

Wüeschti

ηφαίστειο

Vulkan

κάστρο

Schloss

ουράνιο τόξο

Rägeboge

μανιτάρι

Pilz

φοίνικας

Palme

κουνούπι

Moskito

μύγα

Fliege

μυρμήγκι

Ameise

μέλισσα

Biendli

αράχνη

Spinne

σκαθάρι

Chäfer

βάτραχος

Frosch

σκίουρος

Eichhörnli

σκαντζόχοιρος

Igel

λαγός

Haas

κουκουβάγια

Üle

πουλί

Vogu

κύκνος

Schwan

αγριογούρουνο

Wildschwein

ελάφι

Hirsch

άλκη

Elch

φράγμα

Damm

ανεμογεννήτρια

Windturbine

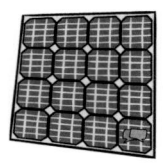

ηλιακός συλλέκτης

Sunnekollektor

κλίμα

Klima

εστιατόριο
Restaurant

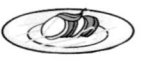

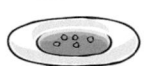

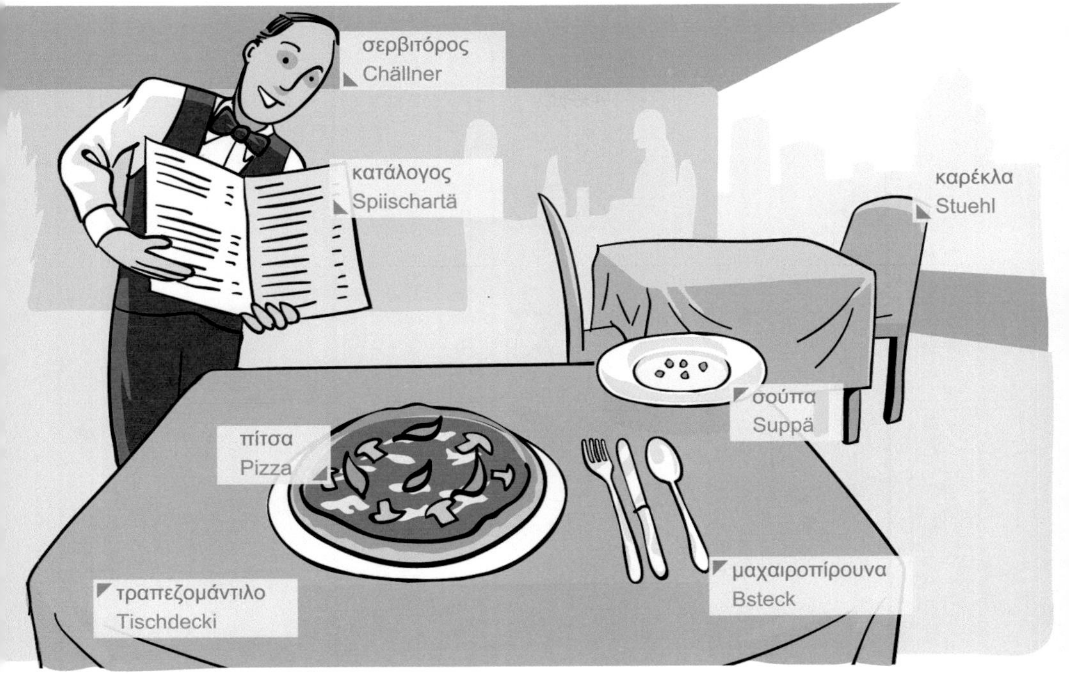
σερβιτόρος
Challner
κατάλογος
Spiischartä
καρέκλα
Stuehl
σούπα
Suppä
πίτσα
Pizza
τραπεζομάντιλο
Tischdecki
μαχαιροπίρουνα
Bsteck

ορεκτικό
Vorspiies

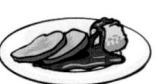

κύριο πιάτο
Hauptgricht

επιδόρπιο
Dessert

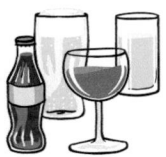

ποτά
Getränk

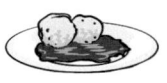

φαγητό
Läbensmittel

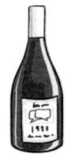

μπουκάλι
Fläsche

φαστ φουντ

Fast Food

φαγητό στ' όρθιο

Street Food

τσαγιέρα

Teechanne

δοχείο ζάχαρης

Zuckerdosä

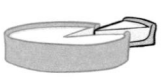

μερίδα

Portion

μηχανή εσπρέσο

Espressomaschine

ψηλή καρέκλα

Hochstuehl

λογαριασμός

Rächnig

δίσκος

Tablett

μαχαίρι

Mässer

πιρούνι

Gable

κουτάλι

Löffel

κουταλάκι του τσαγιού

Teelöffel

πετσέτα φαγητού

Serviette

ποτήρι

Glas

πιάτο

Täller

πιάτο σούπας

Suppetällär

πιατάκι φλιτζανιού

Untertasse

σάλτσα

Sose

αλατιέρα

Salzstreuer

μύλος για πιπέρι

Pfäffermühli

ξύδι

Essig

λάδι

Öl

μπαχαρικά

Gwürz

κέτσαπ

Ketchup

μουστάρδα

Sänf

μαγιονέζα

Mayonnaise

σούπερ μάρκετ
Läbensmittellade

προσφορά
Ahgebot
FOR
πελάτης
Chund
γαλακτοκομικά προϊόντα
Milchprodukt
φρούτα
Frücht
καρότσι για ψώνια
lichaufswage

BUTCHERS

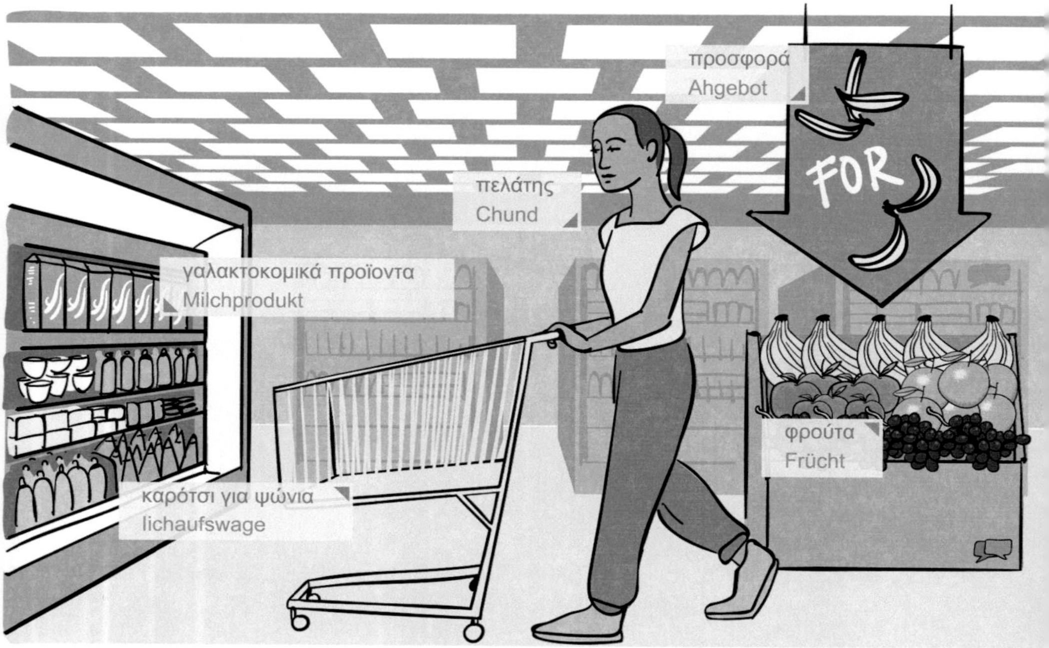

κρεοπωλείο

Schlachter

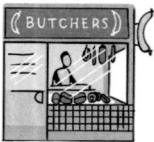

BAKERY

φούρνος

Beck

ζυγίζω

wiege

λαχανικά

Gmües

κρέας

Fleisch

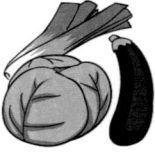

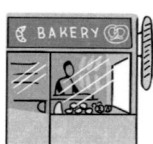

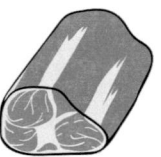

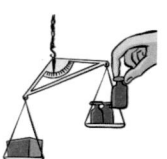

κατεψυγμένα τρόφιμα

Tiefkühlprodukt

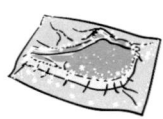

αλλαντικά	κονσερβοποιημένη τροφή	απορρυπαντικό ρούχων
Ufschnitt	die Konsärve	Wöschmittel

γλυκά	οικιακά είδη	καθαριστικά προϊόντα
Süessigkeite	Huushaltartikel	Putzmittel

πωλήτρια	ταμείο	ταμίας
Verchäuferin	Kassä	Kassierer

λίστα για ψώνια	ωράριο λειτουργίας	πορτοφόλι
Ihchaufsliste	Öffnigszite	das Portemonnaie

πιστωτική κάρτα	τσάντα	πλαστική σακούλα
Kreditkarte	Täsche	Plastiksack

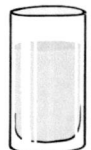

νερό

Wasser

χυμός

Saft

γάλα

Milch

κόκα κόλα

Cola

κρασί

Wii

μπίρα

Bier

αλκοόλ

Alkohol

κακάο

Ovi

τσάι

Tee

καφές

Kafi

εσπρέσο

Espresso

καπουτσίνο

Cappuccino

μπανάνα

Banane

μήλο

Öpfel

πορτοκάλι

Orange

πεπόνι

Melone

λεμόνι

Zitrone

καρότο

Rüebli

σκόρδο

Chnoobli

μπαμπού

Bambus

κρεμμύδι

Zwiblä

μανιτάρι

Pilz

ξηροί καρποί

Nüss

νουντλς

Nudle

μακαρόνια

Spaghetti

ρύζι

Riis

σαλάτα

Salat

πατατάκια

Pommfrit

τηγανητές πατάτες

Bratherdöpfel

πίτσα

Pizza

χάμπουργκερ

Hamburgär

σάντουιτς

Sandwich

κοτολέτα

Gotlett

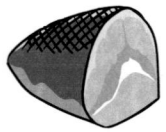

ζαμπόν

Schinkä

σαλάμι

Salami

λουκάνικο

Würschtli

κοτόπουλο

Huehn

ψητό

Bratä

ψάρι

Fisch

χυλός βρώμης

Haferflocke

μούσλι

Müesli

κορν φλέικς

Cornflakes

αλεύρι

Mähl

κρουασάν

Gipfeli

ψωμάκι

Brötli

ψωμί

Brot

τοστ

Toscht

μπισκότα

Guetzli

βούτυρο

Butter

τυρόπηγμα

Quark

κέικ

Chueche

αυγό

Ei

τηγανητό αυγό

Spiegelei

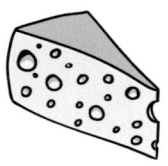

τυρί

Chäs

παγωτό

Glace

ζάχαρη

Zucker

μέλι

Honig

μαρμελάδα

Gonfi

άλλειμμα σοκολάτας

Nougat-Creme

κάρυ

Curry

αγρόκτημα
Buurehof

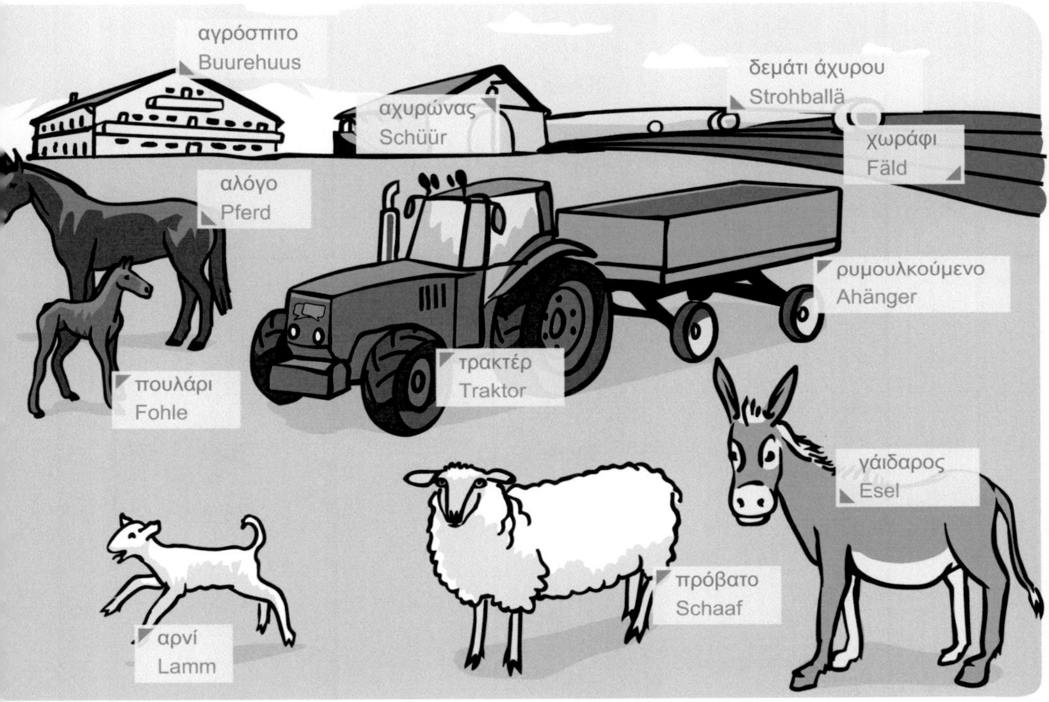

αγρόσπιτο
Buurehuus

δεμάτι άχυρου
Strohballä

αχυρώνας
Schüür

χωράφι
Fäld

αλόγο
Pferd

ρυμουλκούμενο
Ahänger

πουλάρι
Fohle

τρακτέρ
Traktor

γάιδαρος
Esel

πρόβατο
Schaaf

αρνί
Lamm

κατσίκα

Geiss

αγελάδα

Chueh

μοσχαράκι

Chalb

γουρούνι

Sau

γουρουνάκι

Ferkel

ταύρος

Rind

αγρόκτημα - Buurehof

27

χήνα

Gans

πάπια

Änte

κοτοπουλάκι

Küke

κότα

Huähn

κόκορας

Güggel

αρουραίος

Ratte

γάτα

Chatz

ποντίκι

Muus

βόδι

Ochse

σκύλος

Hund

σπιτάκι σκύλου

Hundehütte

λάστιχο κήπου

Garteschluuch

ποτιστήρι

Giesschanne

θεριστήρι

Sägese

αλέτρι

Pflueg

δρεπάνι

Sichel

τσάπα

Hacke

δίκρανο

Heugable

τσεκούρι

Axt

χειράμαξα

Garette

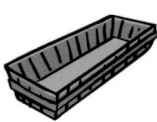

ταΐστρα

Trog

δοχείο γάλακτος

Milchchanne

σάκος

Sack

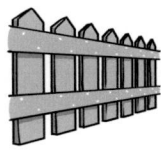

φράχτης

Haag

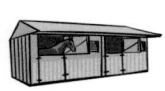

στάβλος

Gadä

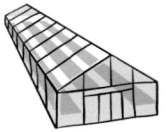

θερμοκήπιο

Gwächshuus

έδαφος

Bode

σπόρος

Soome

λίπασμα

Dünger

θεριζοαλωνιστική μηχανή

Mähdrescher

θερίζω

ärnte

συγκομιδή

Ärnte

γιαμς

Yamswurzle

σιτάρι

Weize

σόγια

Soja

πατάτα

Härdöpfel

καλαμπόκι

Mais

κράμβη

Raps

οπωροφόρο δέντρο

Obstbaum

μανιόκα

Maniok

δημητριακά

Getreide

σπίτι
Huus

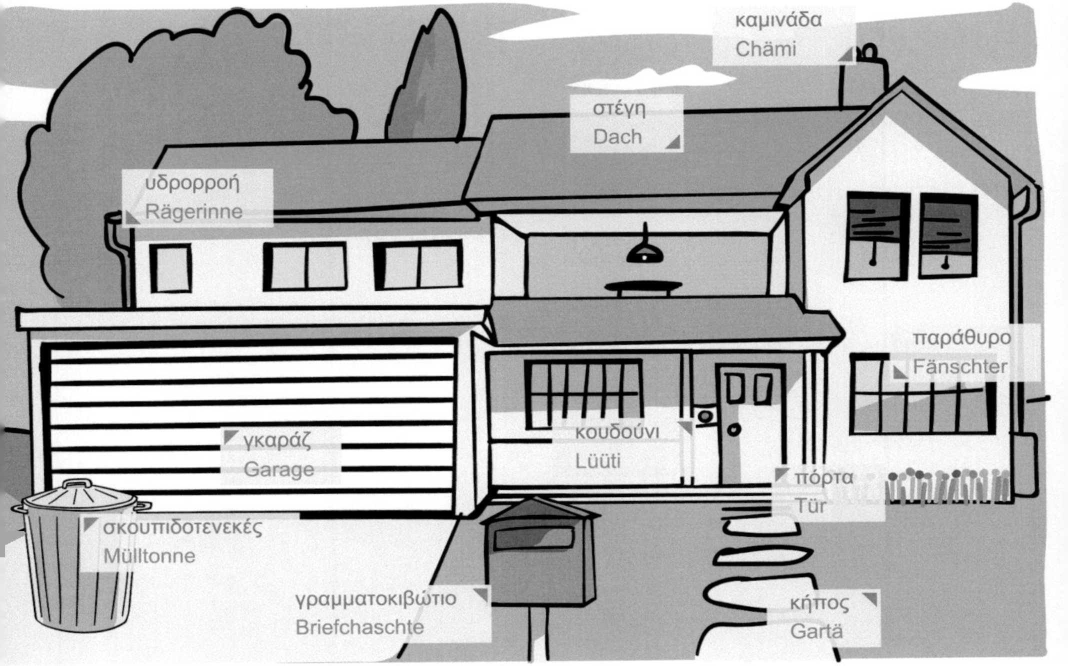
καμινάδα
Chämi
στέγη
Dach
υδρορροή
Rägerinne
παράθυρο
Fänschter
γκαράζ
Garage
κουδούνι
Lüüti
πόρτα
Tür
σκουπιδοτενεκές
Mülltonne
γραμματοκιβώτιο
Briefchaschte
κήπος
Gartä

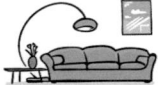

σαλόνι

Stubä

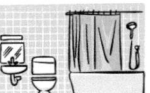

μπάνιο

Badzimmer

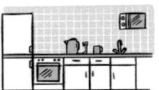

κουζίνα

Chuchi

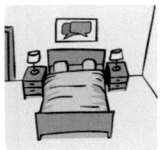

υπνοδωμάτιο

Schlofzimmer

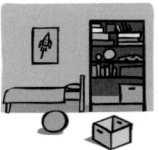

παιδικό δωμάτιο

Chinderzimmer

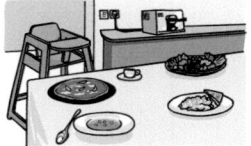

τραπεζαρία

Ässzimmer

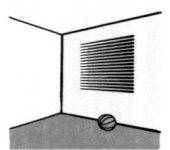

πάτωμα

Bodä

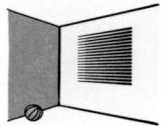

τοίχος

Wand

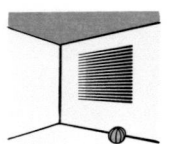

οροφή

Decki

κελάρι

Chäller

σάουνα

Sauna

μπαλκόνι

Balkon

βεράντα

Terasse

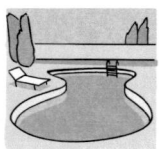

πισίνα

Pool

μηχανή του γκαζόν

Rasemäier

σεντόνι

Bettbezug

κάλυμμα κρεβατιού

Bettdecki

κρεβάτι

Bett

σκούπα

Bäse

κουβάς

Chübel

διακόπτης

Schalter

σαλόνι
Stubä

ταπετσαρία
Tapete
φωτογραφία
Bild
λάμπα
Lampä
ράφι
Regal
ντουλάπι
Schrank
τηλεόραση
Färnseh
τζάκι
Kamin
λουλούδι
Bluamä
μαξιλάρι
Chüssi
καναπές
Sofa
βάζο
Vasä
τηλεκοντρόλ
Färnbedienig

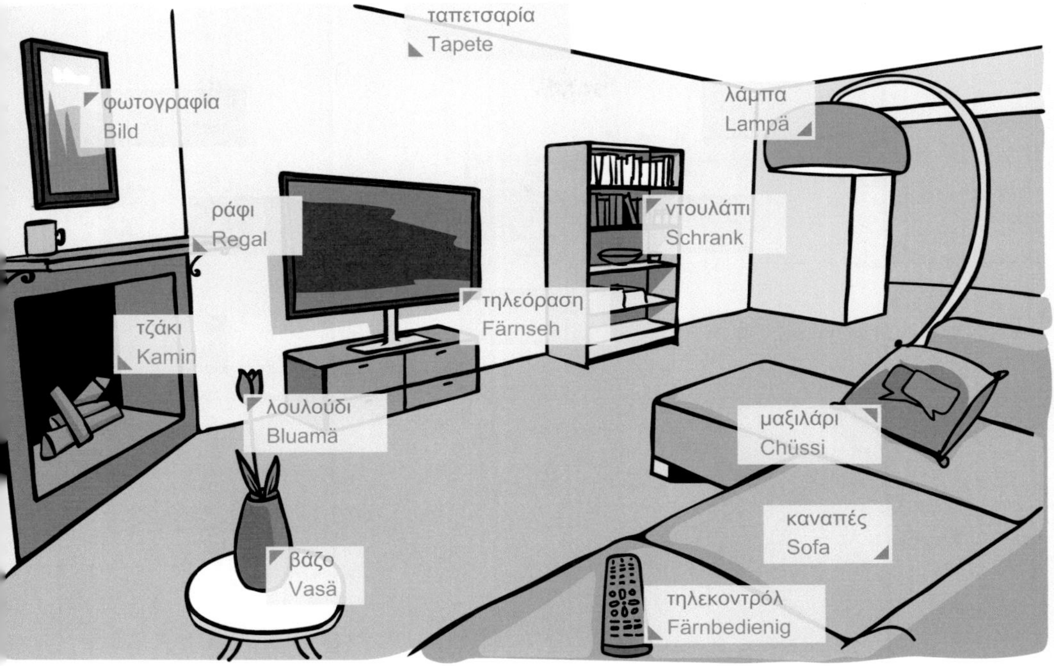

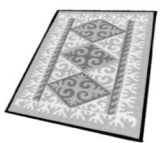

χαλί

Teppich

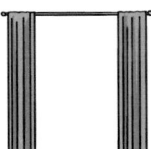

κουρτίνα

Vorhang

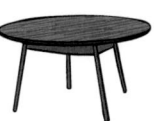

τραπέζι

Tisch

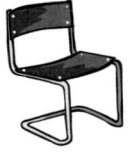

καρέκλα

Stuehl

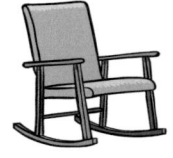

κουνιστή πολυθρόνα

Schaukelstuehl

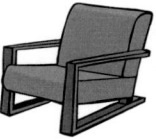

πολυθρόνα

Sässel

βιβλίο

Buech

κουβέρτα

Decki

διακόσμηση

Dekoration

καυσόξυλα

Füürholz

ταινία

Film

στερεοφωνικό σύστημα

Stereoahlag

κλειδί

Schlüssel

εφημερίδα

Ziitig

πίνακας ζωγραφικής

Bild

αφίσα

Poster

ραδιόφωνο

Radio

σημειωματάριο

Notizblock

ηλεκτρική σκούπα

Staubsuuger

κάκτος

Kaktus

κερί

Chärze

κουζίνα
Chuchi

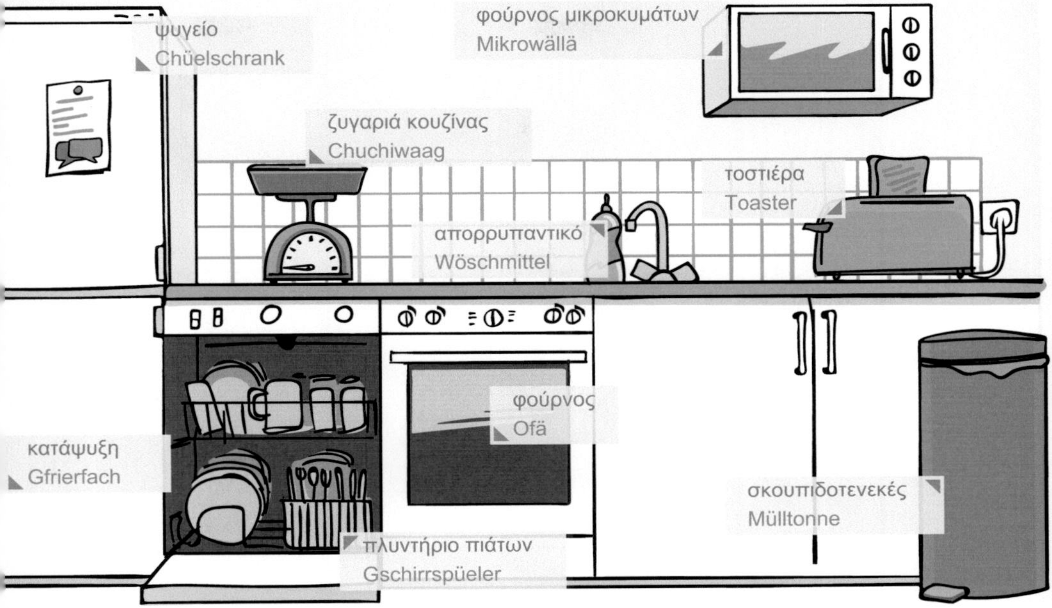
ψυγείο
Chüelschrank
φούρνος μικροκυμάτων
Mikrowällä
ζυγαριά κουζίνας
Chuchiwaag
τοστιέρα
Toaster
απορρυπαντικό
Wöschmittel
φούρνος
Ofä
κατάψυξη
Gfrierfach
σκουπιδοτενεκές
Mülltonne
πλυντήριο πιάτων
Gschirrspüeler

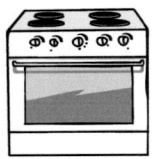

κουζίνα

Härd

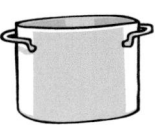

κατσαρόλα

Topf

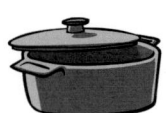

μαντεμένια κατσαρόλα

Iisetopf

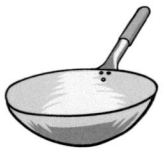

γουόκ/καντάι

Wok / Kadai

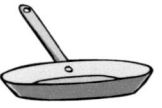

τηγάνι

Pfanne

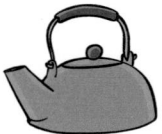

βραστήρας

Wasserchocher

ατμομάγειρας

Dampfer

ταψί

Bachbläch

πιατικά

Gschirr

κούπα

Bächer

μπολ

Schale

ξυλάκια

Stäbli

κουτάλα

Suppechellä

σπάτουλα

Pfannewänder

ανακατεύω

Schneebäse

σουρωτήρι

Sieb

σουρωτηράκι

Sieb

τρίφτης

Raffle

γουδί

Mörser

ψησταριά

Grill

ανοιχτή φωτιά

Füürstell

σανίδα κοπής

Schniidbrätt

πλάστης

Nudelholz

ανοιχτήρι φελλών

Korkäzieher

κονσέρβα

Dosä

ανοιχτήρι κονσέρβας

Dosäöffner

γάντι φούρνου

Topflappä

νεροχύτης

Wöschbecki

βούρτσα

Bürste

σφουγγάρι

Schwumm

μπλέντερ

Mixer

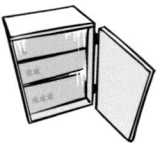

καταψύκτης

Gfrierschrank

μπιμπερό

Babyfläschli

βρύση

Hahnä

μπάνιο
Badzimmer

θέρμανση
Heizig

ντους
Duschi

πετσέτα
Handtuech

κουρτίνα ντουζ
Duschvorhang

αφρόλουτρο
Schumbad

μπανιέρα
Badwanne

ποτήρι
Glas

πλυντήριο ρούχων
Wöschmaschine

βρύση
Hahnä

πλακάκια
Fliesä

γιογιό
Töpfli

νεροχύτης
Wöschbecki

τουαλέτα

Toilette

τούρκικη τουαλέτα

Plumpsklo

μπιντές

Bidet

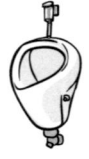

ουρητήριο

Pissoir

χαρτί υγείας

Toilettepapier

πιγκάλ

Toilettebürschteli

οδοντόβουρτσα

Zahbürstä

οδοντόκρεμα

Zahpasta

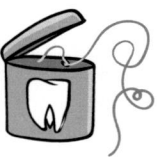

οδοντικό νήμα

Zahnsiide

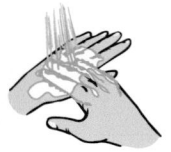

πλένω

wäsche

τηλέφωνο ντους

Handduschi

ντουσιέρα

Intiimduschi

λεκάνη

Wöschbecki

βούρτσα πλάτης

Ruggäbürste

σαπούνι

Seifä

αφρόλουτρο

Duschgel

σαμπουάν

Shampoo

φανέλα

Waschlappä

σιφόνι

Abfluss

κρέμα

Creme

αποσμητικό

Deo

καθρέφτης

Spiegel

καθρέφτης χειρός

Handspiegel

ξυραφάκι

Rasierer

αφρός ξυρίσματος

Rasierschuum

αφτερσέιβ

Aftershave

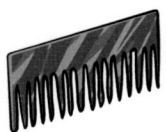

χτένα

Schträäl

βούρτσα

Bürstä

σεσουάρ

Föhn

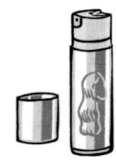

λακ

Hoorspray

μακιγιάζ

Makeup

κραγιόν

Lippestift

βερνίκι νυχιών

Nagellack

βαμβάκι

Wattä

ψαλίδι νυχιών

Nagelscher

άρωμα

Parfum

μπάνιο - Badzimmer

νεσεσέρ

Necessaire

σκαμπό

Schemel

ζυγαριά

Waag

μπουρνούζι

Badmantel

ελαστικά γάντια

Gummihändscheh

ταμπόν

Tampon

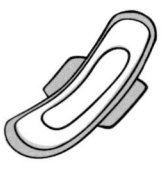

πετσέτα υγιεινής

Damebinde

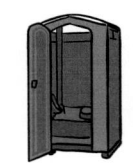

χημική τουαλέτα

chemischi Toilette

παιδικό δωμάτιο
Chinderzimmer

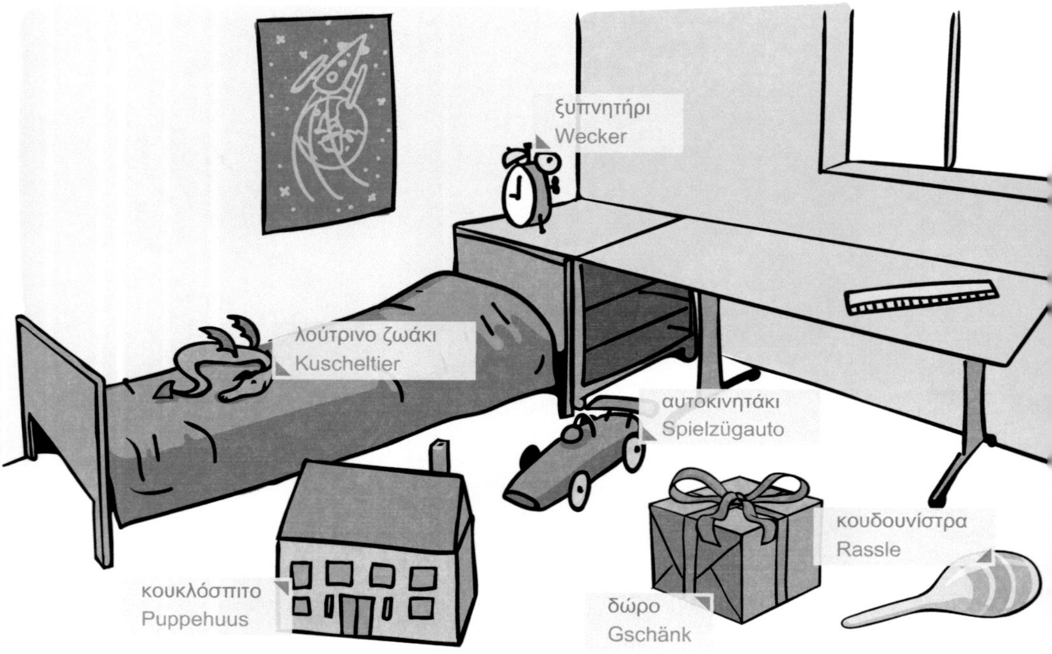

ξυπνητήρι
Wecker

λούτρινο ζωάκι
Kuscheltier

αυτοκινητάκι
Spielzügauto

κουδουνίστρα
Rassle

κουκλόσπιτο
Puppehuus

δώρο
Gschänk

μπαλόνι
Ballon

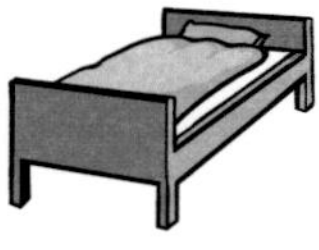

κρεβάτι
Bett

καροτσάκι
Chinderwage

τράπουλα
Chartespiel

παζλ
Puzzle

κόμικς
Comic

τουβλάκια lego

Legos

τουβλάκια κατασκευών

Baustei

φιγούρα δράσης

Action Figur

βρεφικό φορμάκι

Strampli

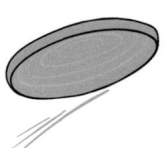

φρίσμπι

Frisbee

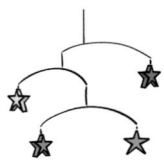

μόμπιλο

Mobile

επιτραπέζιο παιχνίδι

Brättspiel

ζάρια

Würfäl

σετ τρενάκι

Modellisebahn

πιπίλα

Nuggi

πάρτι

Party

εικονογραφημένο βιβλίο

Bilderbuch

μπάλα

Ball

κούκλα

Puppä

παίζω

spiele

σκάμμα με άμμο

Sandchaschte

κούνια

Gigampfi

παιχνίδια

Spielzüg

κονσόλα βιντεοπαιχνιδιών

Videospielkonsole

τρίκυκλο

Dreirad

αρκουδάκι

Teddy

ντουλάπα

Chleiderschrank

ρούχα
Chleidig

κάλτσες

Sockä

καλτσοδέτες

Strümpf

καλσόν

Strumpfhosä

κασκόλ
Schal

ζώνη
Gürtel

ομπρέλα
Rägeschirm

μπλουζάκι
T-Shirt

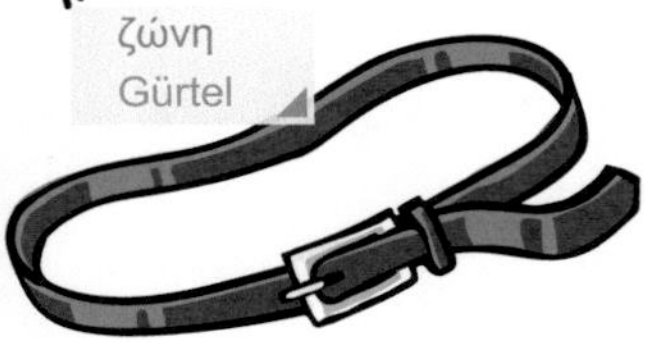

μπότες
Stiefel

παντόφλες
Badschlappe

αθλητικά παπούτσια
Turnschueh

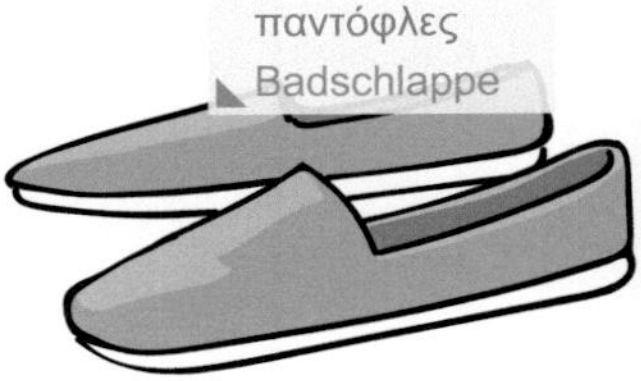

σανδάλια
Sandalä

παπούτσια
Schueh

γαλότσες
Gummistiefel

εσώρουχο
Untrhosä

σουτιέν
BH

φανέλα
Underlibli

σώμα

Body

παντελόνι

Hosä

τζιν παντελόνι

Jeans

φούστα

Rock

μπλούζα

Bluse

πουκάμισο

Hömli

πουλόβερ

Pulli

πουλόβερ

Kapuzepulli

σακάκι

Blazer

μπουφάν

Jacke

παλτό

Mantel

αδιάβροχο πανωφόρι

Rägämantel

κοστούμι

Chostüm

φόρεμα

Chleid

νυφικό

Hochziitskleid

κοστούμι

Ahzug

νυχτικό

Nachthömli

πιτζάμες

Pyjama

σάρι

Sari

μαντήλι

Chopftuäch

τουρμπάνι

Turban

μπούρκα

Burka

καφτάνι

Kaftan

μουσουλμανικό ένδυμα

Abaya

ολόσωμο μαγιό

Badchleid

ανδρικό μαγιό

Badhose

σορτς

churzi Hosä

αθλητική φόρμα

Trainer

ποδιά

Schürze

γάντια

Händsche

κουμπί

Chnopf

γυαλιά

Brüllä

βραχιόλι

Armband

περιδέραιο

Chetti

δαχτυλίδι

Ring

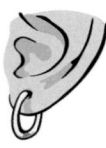

σκουλαρίκι

Ohrering

καπέλο

Chappe

κρεμάστρα

Chleiderbügel

καπέλο

Huet

γραβάτα

Grawattä

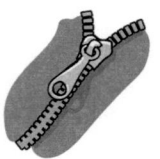

φερμουάρ

Riissverschluss

κράνος

Helm

τιράντες

Hosäträger

μαθητική στολή

Schueluniform

στολή

Uniform

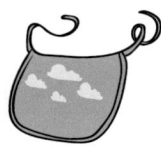

σαλιάρα

Lätzli

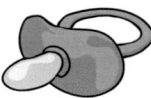

πιπίλα

Nuggi

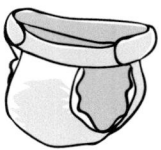

πάνα

Windle

γραφείο
Büro

σέρβερ
Server
αρχειοθήκη
Akteschrank
εκτυπωτής
Drucker
χαρτί
Papier
οθόνη
Monitor
γραφείο
Schribtisch
ποντίκι
Muus
ντοσιέ
Ordner
πληκτρολόγιο
Taschtatur
καλάθι αχρήστων
Papierchorb
υπολογιστής
Computer
καρέκλα
Stuehl

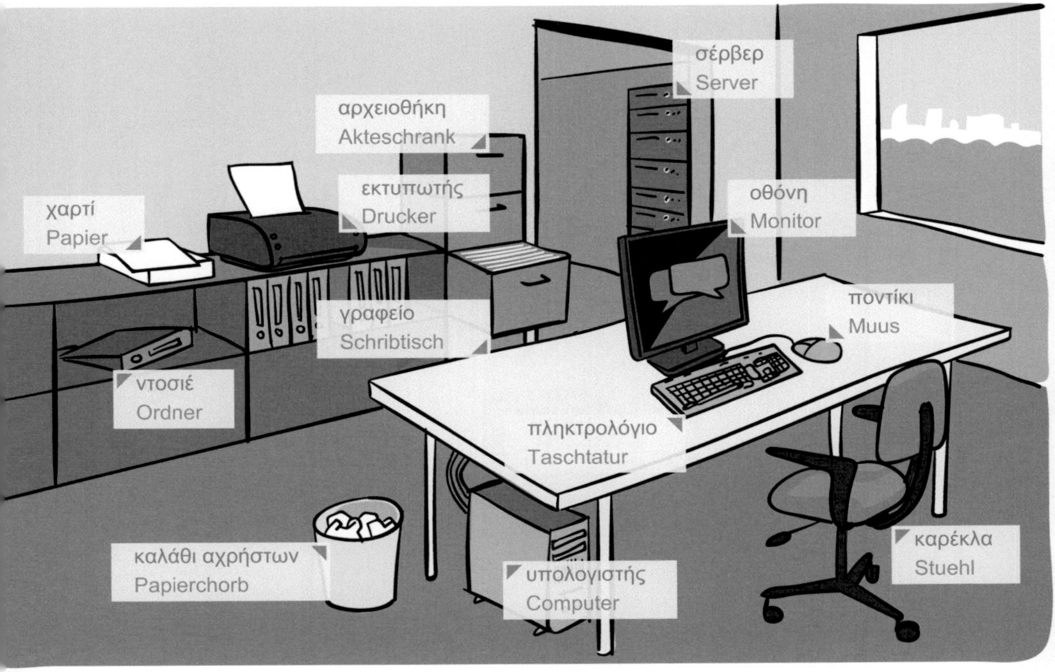

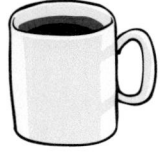

κούπα του καφέ

Kafibächer

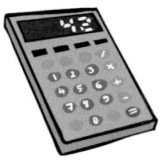

κομπιουτεράκι

Tascheráchner

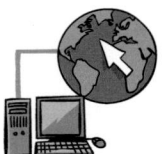

ίντερνετ

Internet

λάπτοπ

Laptop

γράμμα

Brief

μήνυμα

Nochricht

κινητό

Mobiltelefon

δίκτυο

Netzwärk

φωτοτυπικό μηχάνημα

Kopierer

λογισμικό

Software

τηλέφωνο

Telefon

πρίζα

Steckdosä

συσκευή φαξ

Fax

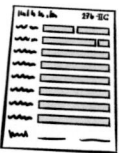

έντυπο

Formular

έγγραφο

Dokumänt

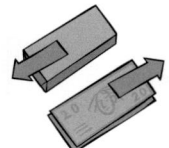

αγοράζω

chaufe

πληρώνω

zahle

συναλλάσσομαι

handle

χρήματα

Gäld

δολάριο

Dollar

ευρώ

Euro

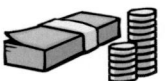

γιεν

Yen

ρούβλι

Rubel

ελβετικό φράγκο

Frankä

ρενμίνμπι γιουάν

Renminbi Yuan

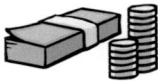

ρουπία

Rupie

ATM (αυτόματη ταμειακή μηχανή)

Gäldautomat

ανταλλακτήρια
συναλλάγματος

Wächselstube

χρυσός

Gold

ασήμι

Silber

πετρέλαιο

Öl

ενέργεια

Energie

τιμή

Priis

συμβόλαιο

Vertrag

φόρος

Stüür

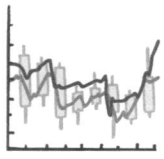

μετοχή

Aktie

δουλεύω

schaffe

υπάλληλος

Mitarbeiter

εργοδότης

Arbeitgeber

εργοστάσιο

Fabrik

κατάστημα

Gschäft

οικονομία - Wirtschaft

επαγγέλματα
Brüef

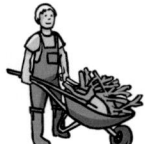

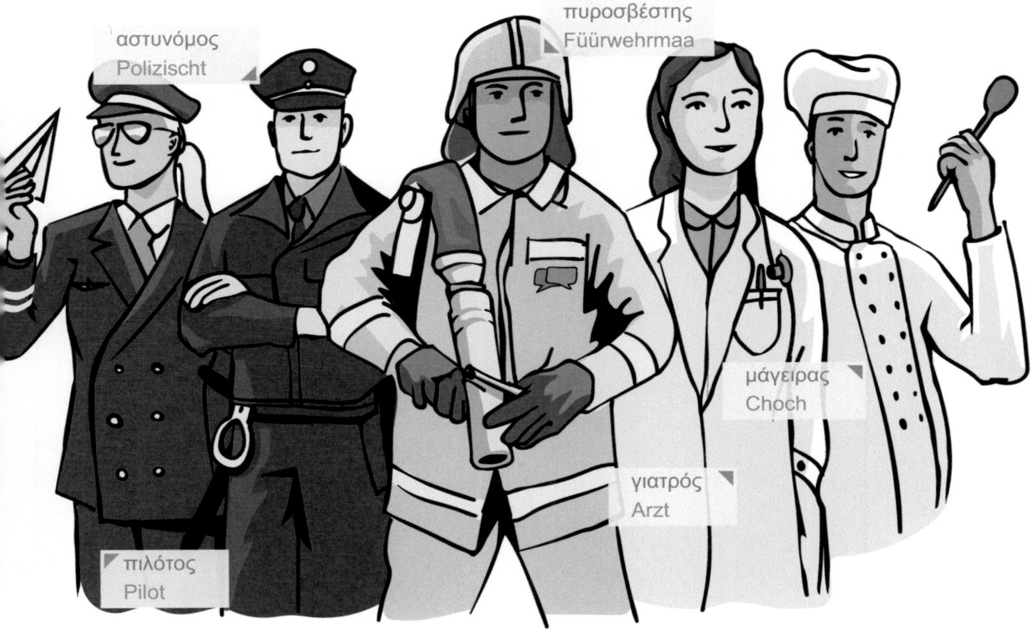
αστυνόμος
Polizischt
πυροσβέστης
Füürwehrmaa
μάγειρας
Choch
γιατρός
Arzt
πιλότος
Pilot

κηπουρός

Gärtner

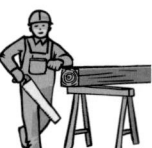

ξυλουργός

Zimmermah

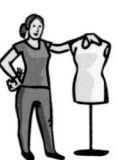

μοδίστρα

Näheri

δικαστής

Richter

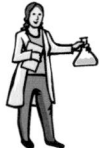

χημικός

Chemiker

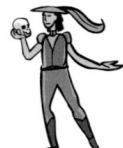

ηθοποιός

Darsteller

οδηγός λεωφορείου
Busfahrer

ταξιτζής
Taxifahrer

ψαράς
Fischer

καθαρίστρια
Putzfrau

τεχνίτης στεγών
Dachdecker

σερβιτόρος
Chällner

κυνηγός
Jäger

ζωγράφος
Moler

αρτοποιός
Bäcker

ηλεκτρολόγος
Elektriker

οικοδόμος
Bauarbeiter

μηχανολόγος
Ingenieur

κρεοπώλης
Schlachter

υδραυλικός
Klämpner

ταχυδρόμος
Pöschtler

στρατιώτης
Soldat

αρχιτέκτονας
Architekt

ταμίας
Kassierer

ανθοπώλης
Florischt

κομμωτής
Frisör

ελεγκτής εισιτηρίων
Kontrolleur

μηχανικός
Mechaniker

καπετάνιος
Kapitän

οδοντίατρος
Zahnarzt

επιστήμονας
Wüsseschaftler

ραβίνος
Rabbi

ιμάμης
Imam

μοναχός
Mönch

ιερέας
Pfarrer

εργαλεία
Werkzüüg

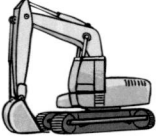

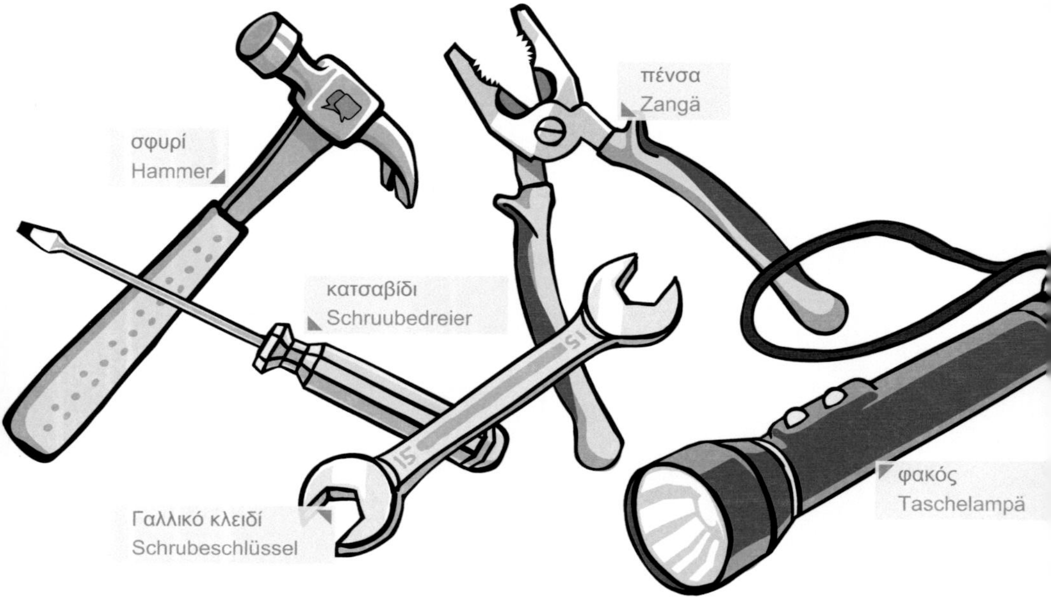
πένσα
Zangä
σφυρί
Hammer
κατσαβίδι
Schruubedreier
φακός
Taschelampä
Γαλλικό κλειδί
Schrubeschlüssel

εκσκαφέας

Bagger

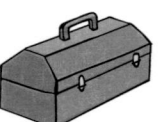

εργαλειοθήκη

Werkzüügchaschte

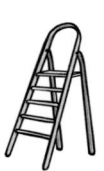

σκάλα

Leitere

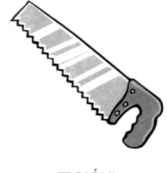

πριόνι

Sagi

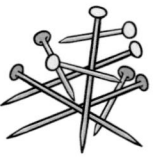

καρφιά

Negel

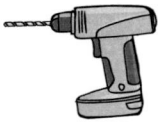

τρυπάνι

Bohrer

επισκευάζω

flicke

φτυάρι

Schufle

Να πάρει!

Mischt!

φαράσι

Ascheschufle

δοχείο χρωμάτων

Farbchübel

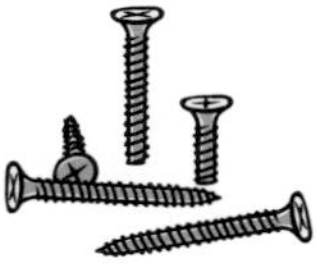

βίδες

Schruube

μουσικά όργανα
Musiginstrumänt

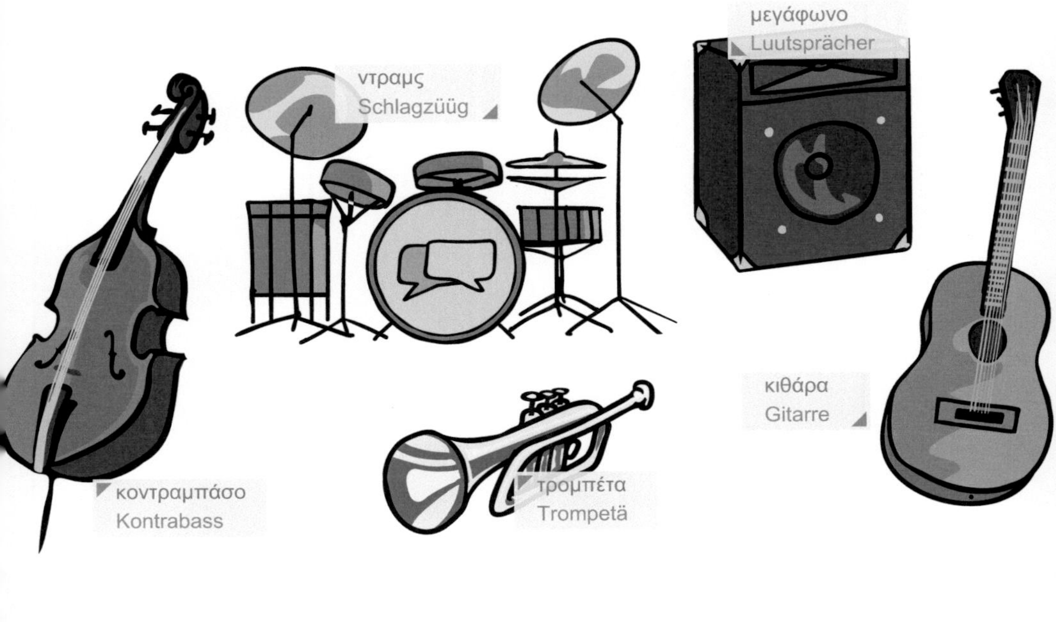

νtραμς
Schlagzüüg

μεγάφωνο
Luutsprächer

κιθάρα
Gitarre

κοντραμπάσο
Kontrabass

τρομπέτα
Trompetä

πιάνο

Klavier

βιολί

Violine

μπάσο

Bass

τύμπανα

Pauke

τύμπανο

Trummle

πλήκτρα

Keyboard

σαξόφωνο

Saxophon

φλάουτο

Flöte

μικρόφωνο

Mikrofon

μουσικά όργανα - Musiginstrumänt

ζωολογικός κήπος
Zolli

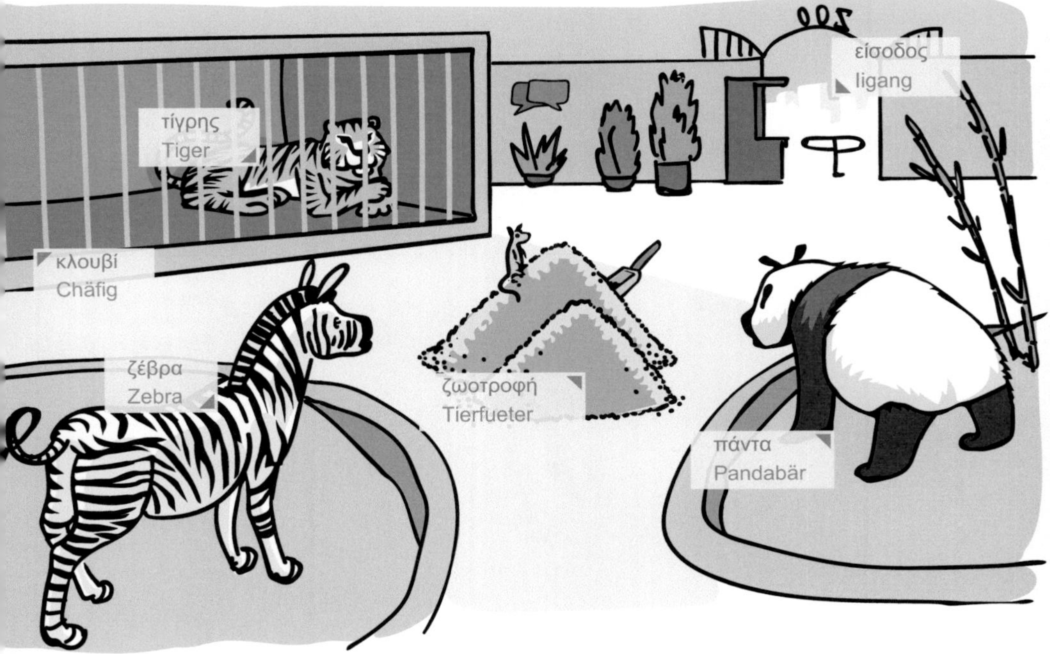
είσοδος
Iigang
τίγρης
Tiger
κλουβί
Chäfig
ζέβρα
Zebra
ζωοτροφή
Tierfueter
πάντα
Pandabär

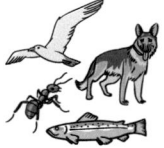

ζώα

Tier

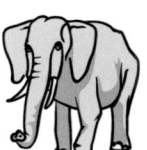

ελέφαντας

Elefant

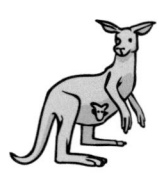

καγκουρό

Känguru

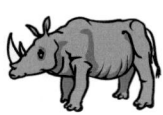

ρινόκερος

Nashorn

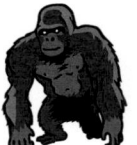

γορίλας

Gorilla

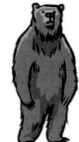

αρκούδα

Bär

κάμηλα

Kamel

στρουθοκάμηλος

Struss

λιοντάρι

Leu

πίθηκος

Aff

φλαμίνγκο

Flamingo

παπαγάλος

Papagei

πολική αρκούδα

Iisbär

πιγκουίνος

Pinguin

καρχαρίας

Hai

παγώνι

Pfau

φίδι

Schlangä

κροκόδειλος

Krokodil

φύλακας ζωολογικού κήπου

Zoowärter

φώκια

Robbä

τζάγκουαρ

Jaguar

πόνυ

Pony

λεοπάρδαλη

Leopard

ιπποπόταμος

Nilpfärd

καμηλοπάρδαλη

Giraff

αετός

Adler

αγριογούρουνο

Wildschwein

ψάρι

Fisch

χελώνα

Schildkrot

θαλάσσιος ίππος

Walross

αλεπού

Fuchs

γαζέλα

Gazelle

Αμερικάνικο ποδόσφαιρο
American Football

ποδηλασία
Velofahre

αντισφαίριση
Tennis

μπάσκετ
Basketball

κολύμβηση
Schwümmä

χόκεϋ επί πάγου
Iishockey

πυγχαμία
Boxä

ποδόσφαιρο
Fuessball

μπάντμιντον
Badminton

στίβος
Liechtathletik

χάντμπολ
Handball

σκι
Skifahre

πόλο
Polo

δραστηριότητες
Aktivitäte

γελάω
lachä
πηδάω
springä
αγκαλιάζω
umarme
περπατάω
gah
τραγουδάω
singe
ονειρεύομαι
troime
προσεύχομαι
bätte
φιλάω
küssä

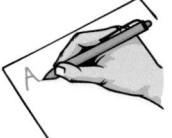

γράφω

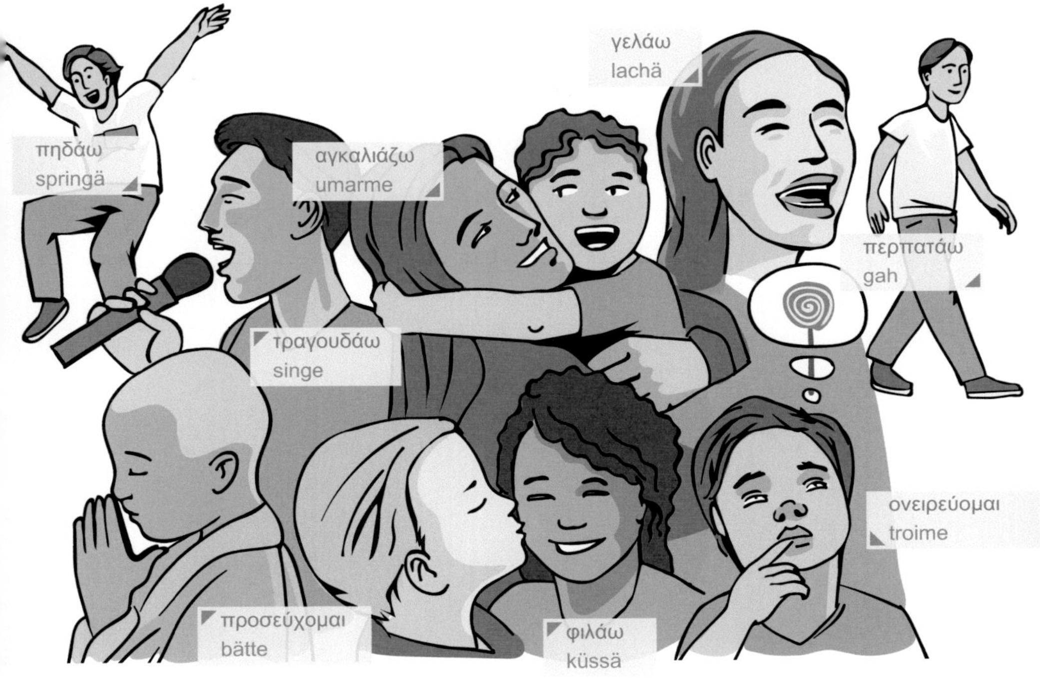

schribe

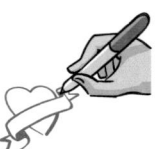

σχεδιάζω

zeichne

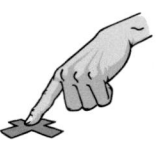

δείχνω

zeige

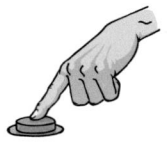

πιέζω

schiebe

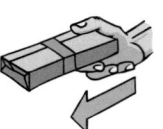

δίνω

gäh

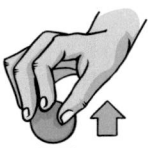

παίρνω

näh

έχω

händ

κάνω

mache

είμαι

sy

στέκομαι

stah

τρέχω

laufe

τραβάω

zieh

ρίχνω

rüerä

πέφτω

fallä

ξαπλώνω

ligge

περιμένω

warte

κουβαλώ

träge

κάθομαι

sitze

φοράω

ahzieh

κοιμάμαι

schlafe

ξυπνάω

ufwache

κοιτάω

ahluege

κλαίω

brüele

χαϊδεύω

striichle

χτενίζω

bürste

μιλάω

redä

καταλαβαίνω

verschtah

ρωτάω

froog

ακούω

lose

πίνω

trinke

τρώω

ässe

συγυρίζω

ufruume

αγαπάω

liebe

μαγειρεύω

chochä

οδηγώ

fahre

πετάω

flüge

κάνω ιστιοπλοΐα

segle

υπολογίζω

rächne

διαβάζω

läse

μαθαίνω

leerä

δουλεύω

schaffe

παντρεύομαι

hürate

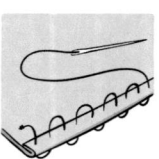

ράβω

näije

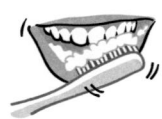

βουρτσίζω τα δόντια

Zäh putze

σκοτώνω

töte

καπνίζω

schlootä

στέλνω

sände

οικογένεια
Familiä

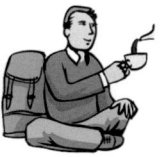

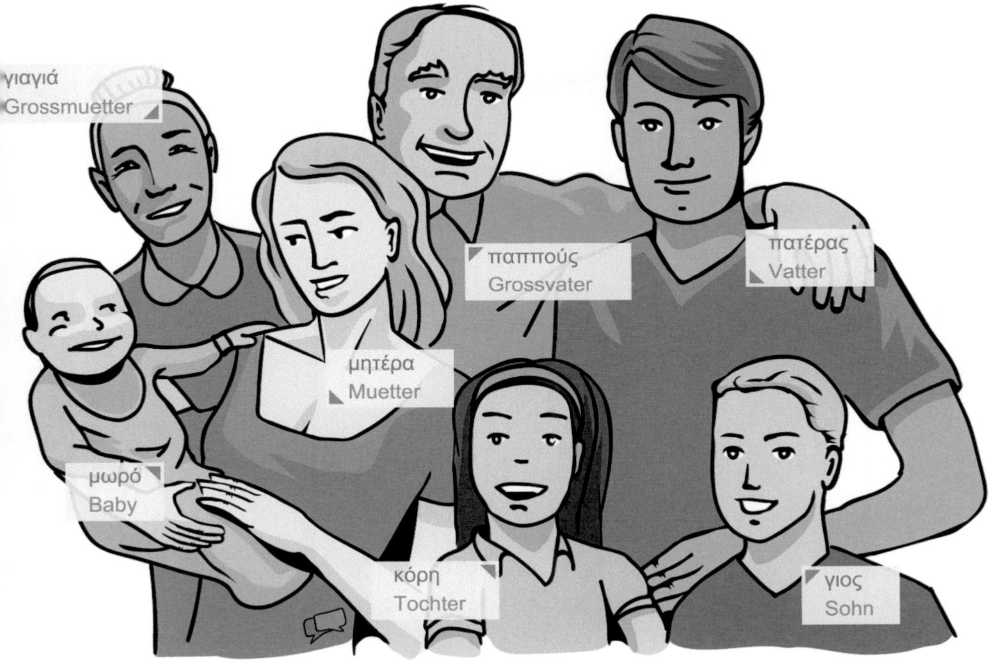

γιαγιά
Grossmuetter
παππούς
Grossvater
πατέρας
Vatter
μητέρα
Muetter
μωρό
Baby
κόρη
Tochter
γιος
Sohn

καλεσμένος

Gast

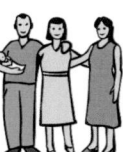

θεία

Tante

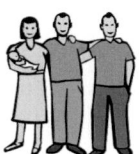

θείος

Unkel

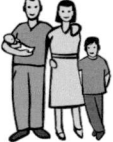

αδελφός

Brüeder

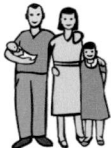

αδελφή

Schwöschter

σώμα
Körpär

μέτωπο
Stirn
μάτι
Aug
ώμος
Schultere
δάχτυλο
Fingär
πρόσωπο
Gsicht
πιγούνι
Chüni
χέρι
Hand
πόδι
Bei
στήθος
Bruscht
βραχίονας
Arm

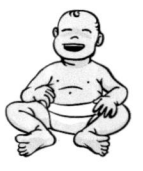

μωρό

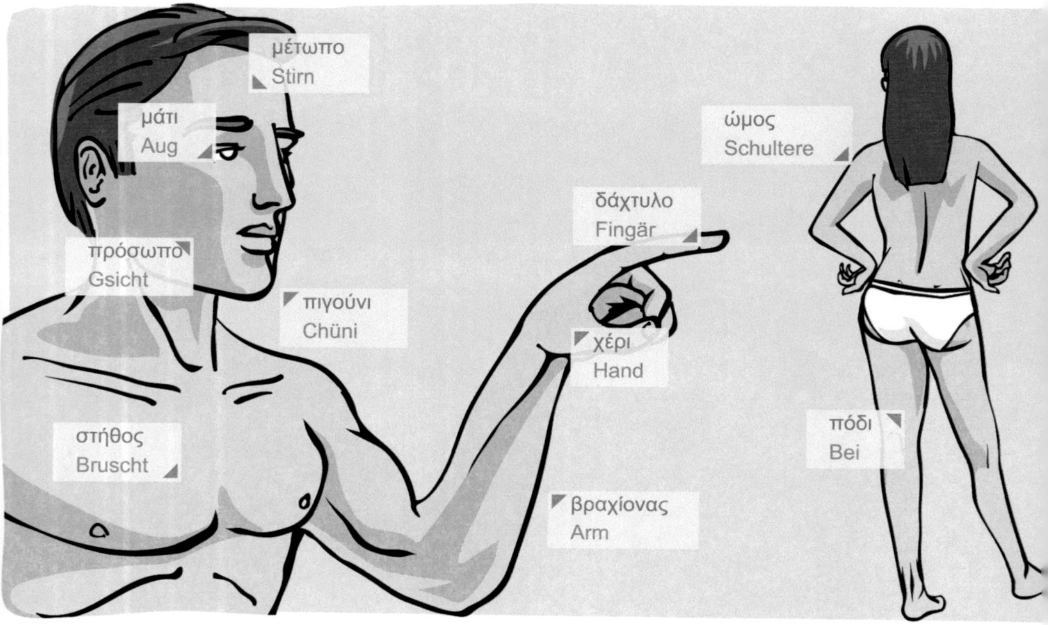

Baby

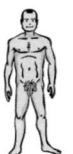

άνδρας

Mah

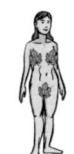

γυναίκα

Frau

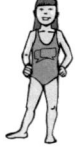

κορίτσι

Meitli

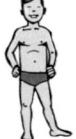

αγόρι

Bueb

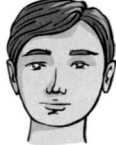

κεφάλι

Chopf

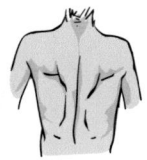

πλάτη

Ruggä

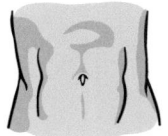

κοιλιά

Buuch

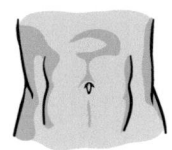

αφαλός

Buchnabel

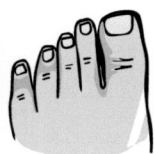

δάχτυλο ποδιού

Zäche

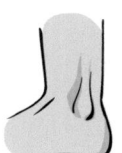

φτέρνα

Fersä

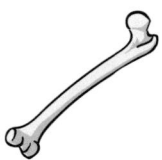

κόκκαλο

Knoche

γοφός

Hüfte

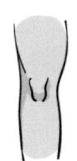

γόνατο

Chnü

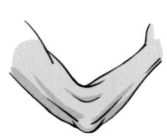

αγκώνας

Ellbogä

μύτη

Nase

γλουτός

Füdli

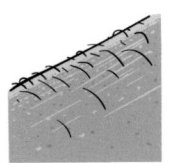

δέρμα

Hut

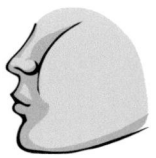

μάγουλο

Bagge

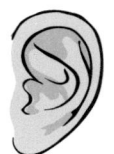

αυτί

Ohr

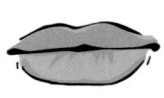

χείλος

Lippe

σώμα - Körpär

69

στόμα

Muul

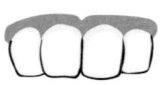

δόντι

Zah

γλώσσα

Zungä

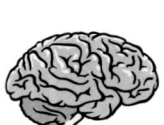

εγκέφαλος

Hirni

καρδιά

Härz

μυς

Muskel

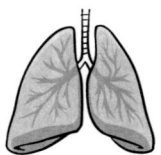

πνεύμονας

Lungä

συκώτι

Läberä

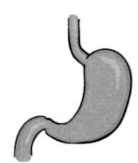

στομάχι

Magen

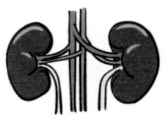

νεφρά

Nierä

σεξουαλική επαφή

Gschlächtsvrkehr

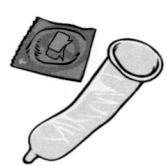

προφυλακτικό

Kondom

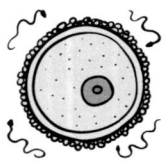

ωάριο

Eizälle

σπέρμα

Soome

εγκυμοσύνη

Schwangerschaft

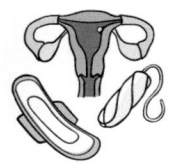

περίοδος

Menstruation

γυναικείος κόλπος

Vagina

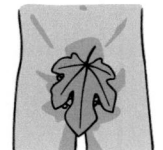

πέος

Penis

φρύδι

Augebrauä

μαλλιά

Haar

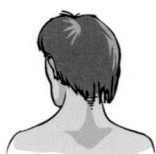

λαιμός

Hals

νοσοκομείο
Spital

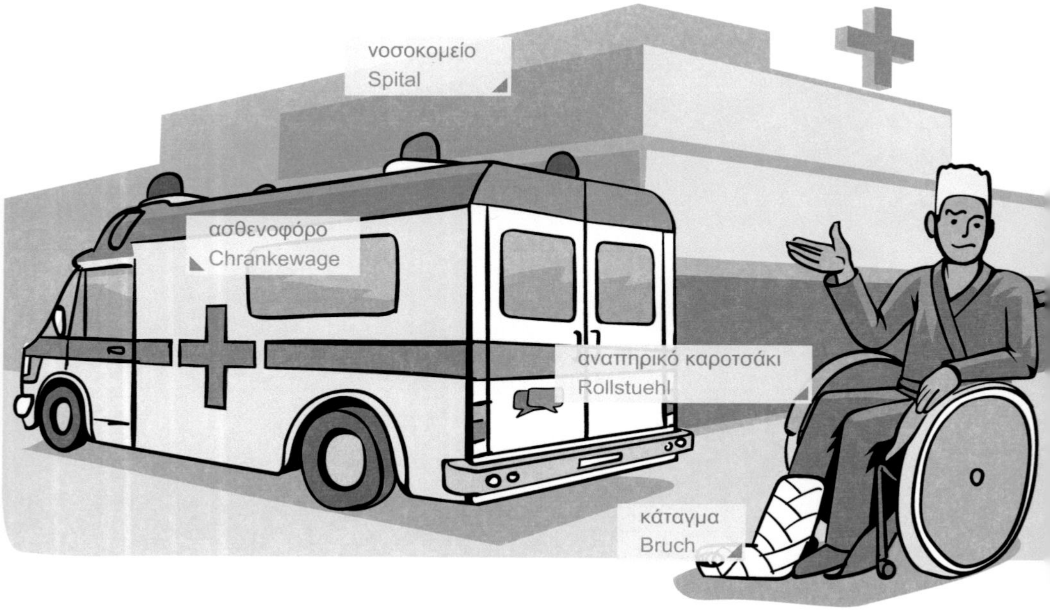

νοσοκομείο
Spital
ασθενοφόρο
Chrankewage
αναπηρικό καροτσάκι
Rollstuehl
κάταγμα
Bruch

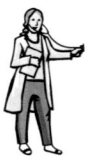

γιατρός

Arzt

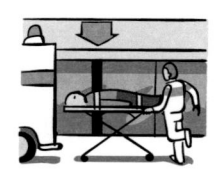

μονάδα εντατικής θεραπείας

Notufnahm

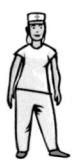

νοσοκόμα

Chrankeschwöschter

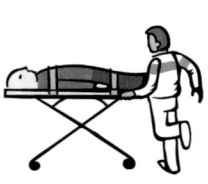

έκτακτη ανάγκη

Notfall

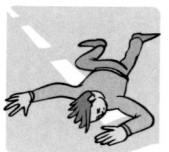

λιπόθυμος

ohnmächtig

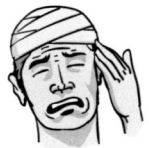

πόνος

Schmärz

τραύμα

Verletzig

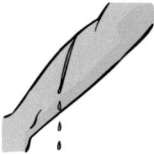

αιμορραγία

Bluätig

έμφραγμα

Härzinfarkt

εγκεφαλικό

Schlagahfall

αλλεργία

Allergie

βήχας

Hueschtä

πυρετός

Fieber

γρίπη

Grippe

διάρροια

Durchfall

πονοκέφαλος

Kopfschmärze

καρκίνος

Kräbs

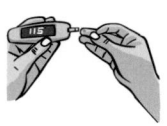

διαβήτης

Diabetes

χειρουργός

Chirurg

νυστέρι

Skalpell

εγχείρηση

Operation

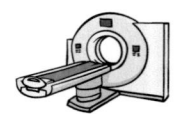

αξονική τομογραφία

CT

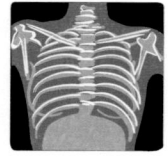

ακτινογραφία

Röntgä

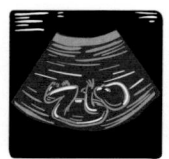

υπέρηχος

Ultraschall

μάσκα

Gsichtsmaske

ασθένεια

Krankhet

αίθουσα αναμονής

Wartezimmer

πατερίτσα

Krückä

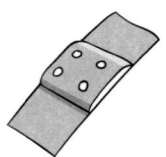

χάνσαπλαστ

Pflaster

επίδεσμος

Vrband

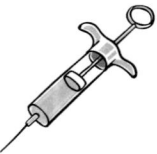

ένεση

Injektion

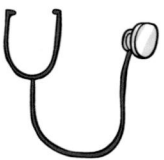

στηθοσκόπιο

Stethoskop

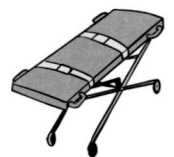

φορείο

Trage

θερμόμετρο

Thermometer

γέννηση

Geburt

υπέρβαρο

Übergwicht

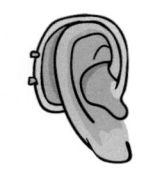

ακουστικό βαρηκοΐας

Hörgrät

αντισηπτικό

Desinfektionsmittel

λοίμωξη

Infektion

ιός

Virus

HIV/AIDS

HIV / AIDS

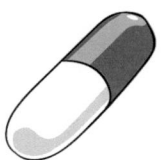

φάρμακο

Medizin

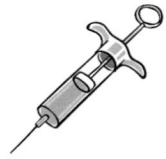

εμβολιασμός

Impfig

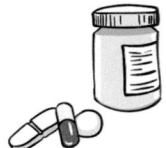

δισκία

Tablette

χάπι

Pille

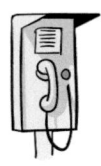

κλήση έκτακτης ανάγκης

Notruef

πιεσόμετρο αίματος

Bluetdruck-Mässgrät

άρρωστος / υγιής

chrank / gsund

Βοήθεια!

Hiufe!

συναγερμός

Alarm

βιαιοπραγία

Überfall

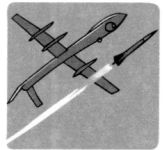

επίθεση

Ahgriff

κίνδυνος

Gfohr

έξοδος κινδύνου

Notuusgang

Φωτιά!

Füür!

πυροσβεστήρας

Füürlöscher

ατύχημα

Unfall

κουτί πρώτων βοηθειών

Ersti-Hilf-Koffer

SOS

SOS

αστυνομία

Polizei

Ευρώπη

Europa

Βόρεια Αμερική

Nordamerika

Νότια Αμερική

Südamerika

Αφρική

Afrika

Ασία

Asie

Αυστραλία

Auschtralie

Ατλαντικός Ωκεανός

Atlantik

Ειρηνικός Ωκεανός

Pazifik

Ινδικός Ωκεανός

Indische Ozean

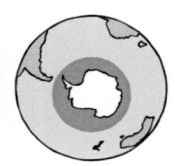

Ανταρκτικός Ωκεανός

Antarktische Ozean

Αρκτικός Ωκεανός

Arktische Ozean

Βόρειος Πόλος

Nordpol

Νότιος Πόλος

Südpol

Ανταρκτική

Antarktis

Γη

Ärde

γη

Land

θάλασσα

Meer

νησί

Inslä

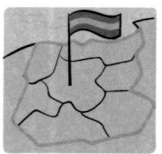

έθνος

Nation

πολιτεία

Staat

καντράν ρολογιού

Ziffereblatt

ωροδείκτης

Stundezeiger

λεπτοδείκτης

Minutezeiger

δείκτης δευτερολέπτων

Sekundezeiger

Τι ώρα είναι;

Wie spaht isch es?

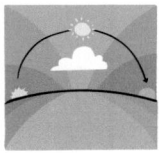

ημέρα

Tag

χρόνος

Zit

τώρα

jetzt

ψηφιακό ρολόι

Digitaluhr

λεπτό

Minute

ώρα

Stunde

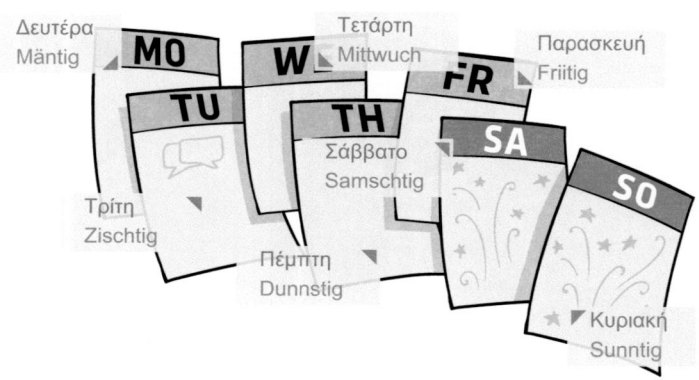

Δευτέρα
Mäntig — MO

Τετάρτη
Mittwuch — W

Παρασκευή
Friitig — FR

TU

TH

SA

SO

Τρίτη
Zischtig

Σάββατο
Samschtig

Πέμπτη
Dunnstig

Κυριακή
Sunntig

χθες

geschter

σήμερα

hüt

αύριο

morn

πρωί

Morgä

μεσημέρι

Mittag

βράδυ

Aabig

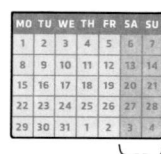

εργάσιμες ημέρες

Wärktag

Σαββατοκύριακο

Wuchenänd

βροχή
Räge

ουράνιο τόξο
Rägeboge

χιόνι
Schnee

άνεμος
Wind

άνοιξη
Früelig

φθινόπωρο
Herbscht

καλοκαίρι
Summer

χειμώνας
Winter

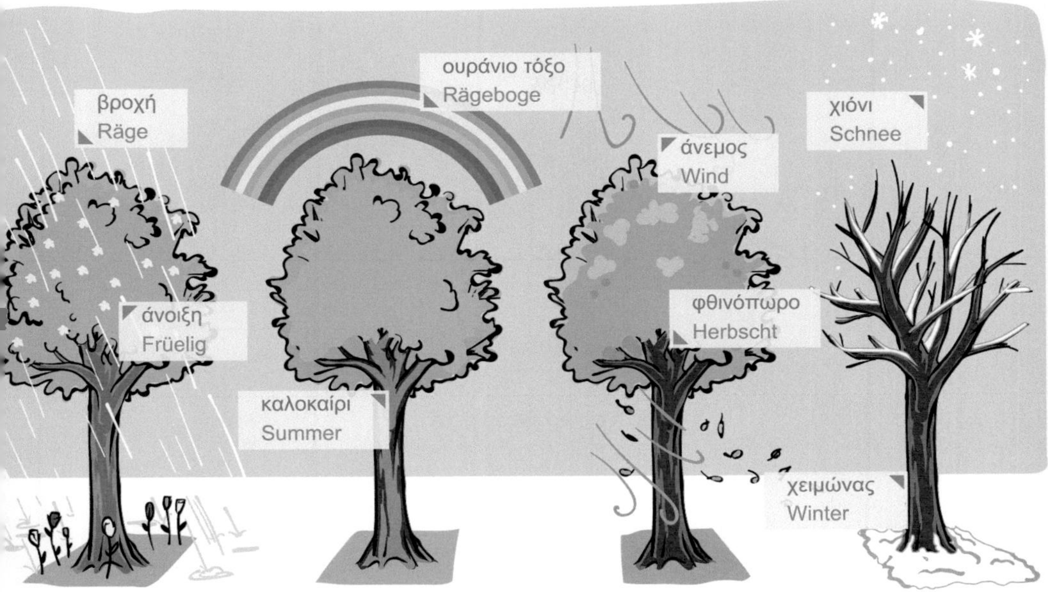

πρόγνωση καιρού
Wättervorhärsag

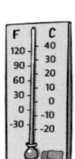

θερμόμετρο
Thermometer

λιακάδα
Sunneschiin

σύννεφο
Wolkä

ομίχλη
Näbel

υγρασία
Fiechtigkeit

αστραπή

Blitz

κεραυνός

Dunner

καταιγίδα

Sturm

χαλάζι

Hagel

μουσώνας

Monsun

πλημμύρα

Fluet

πάγος

Iis

Ιανουάριος

Januar

Φεβρουάριος

Februar

Μάρτιος

März

Απρίλιος

April

Μάιος

Mai

Ιούνιος

Juni

Ιούλιος

Juli

Αύγουστος

Auguscht

Σεπτέμβριος

Septämber

Οκτώβριος

Oktober

Νοέμβριος

Novämber

Δεκέμβριος

Dezämber

σχήματα
Forme

κύκλος

Kreis

τετράγωνο

Quadrat

ορθογώνιο
παραλληλόγραμμο
Rächteck

τρίγωνο

Dreieck

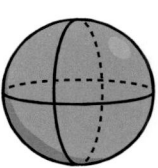

σφαίρα

Chugele

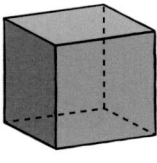

κύβος

Würfel

άσπρο

wiss

κίτρινο

gäl

πορτοκαλί

orange

ροζ

pink

κόκκινο

rot

μωβ

liila

μπλε

blau

πράσινο

grüen

καφέ

bruun

γκρι

grau

μαύρο

schwarz

πολύ / λίγο

viel / wenig

θυμωμένος / ήρεμος

hässig / ruhig

όμορφος / άσχημος

hübsch / hässlich

αρχή / τέλος

Ahfang / Ändi

μεγάλος / μικρός

gross / chli

φωτεινός / σκοτεινός

hell / dunkel

αδελφός / αδελφή

Brüeder / Schwöschter

καθαρός / λερωμένος

suuber / dräckig

πλήρης / ατελής

vollständig / unvollständig

ημέρα / νύχτα

Tag / Nacht

νεκρός / ζωντανός

tot / läbig

φαρδύς / στενός

breit / schmal

βρώσιμος / μη βρώσιμος

ässbar / nid ässbar

κακός / ευγενικός

bös / fründlich

ενθουσιασμένος /
βαριεστημένος

uffreggt / glangwilt

παχύς / λεπτός

dick / dünn

πρώτος / τελευταίος

zerscht / zletscht

φίλος / εχθρός

Fründ / Find

γεμάτος / άδειος

voll / läär

σκληρός / μαλακός

hart / weich

βαρύς / ελαφρύς

schwer / liecht

πείνα / δίψα

Hunger / Durscht

άρρωστος / υγιής

chrank / gsund

παράνομος / νόμιμος

illegal / legal

έξυπνος / χαζός

intelligänt / gatz

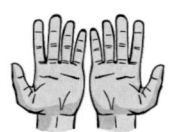

αριστερός / δεξιός

links / rächts

κοντινός / μακρινός

nöch / wiit weg

καινούριος /
μεταχειρισμένος
·············
neu / bruucht

τίποτα / κάτι
·············
nüt / öpis

γέρος | νέος
·············
alt / jung

αναμμένος / σβηστός
·············
ah / uss

ανοιχτός / κλειστός
·············
offe / zue

χαμηλόφωνος /
μεγαλόφωνος
lislig / luut

πλούσιος / φτωχός
·············
riich / arm

σωστός / λανθασμένος
·············
richtig / falsch

τραχύς / λείος
·············
rau / glatt

λυπημένος / χαρούμενος
·············
truurig / glücklich

κοντός / μακρύς
·············
churz / lang

αργός / γρήγορος
·············
langsam / schnäll

υγρός / στεγνός
·············
nass / trochä

ζεστός / δροσερός
·············
warm / chalt

πόλεμος / ειρήνη
·············
Chrieg / Friede

αντίθετα - Gägeteil

0
μηδέν
Null

1
ένα
eis

2
δύο
zwei

3
τρία
drü

4
τέσσερα
vier

5
πέντε
foif

6
έξι
sächs

7
εφτά
sibe

8
οκτώ
acht

9
εννιά
nün

10
δέκα
zäh

11
έντεκα
elf

12

δώδεκα
zwölf

13

δεκατρία
drizäh

14

δεκατέσσερα
vierzäh

15

δεκαπέντε
füfzäh

16

δεκαέξι
sächzäh

17

δεκαεφτά
siebzäh

18

δεκαοκτώ
achtzäh

19

δεκαεννέα
nünzäh

20

είκοσι
zwänzg

100

εκατό
Hundert

1.000

χίλια
Tuusig

1.000.000

εκατομμύριο
Million

Αγγλικά

Änglisch

Αμερικάνικα Αγγλικά

Amerikanischs Änglisch

Μανδαρίνικα Κινέζικα

Chinesisch Mandarin

Χίντι

Hindi

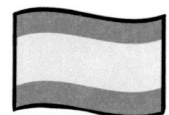

Ισπανικά

Spanisch

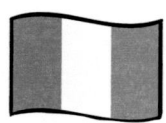

Γαλλικά

Französisch

Αραβικά

Arabisch

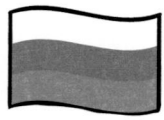

Ρώσικα

Russisch

Πορτογαλικά

Portugiesisch

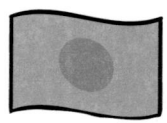

Μπενγκάλι

Bengalisch

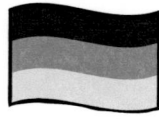

Γερμανικά

Dütsch

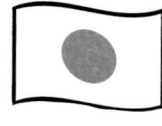

Ιαπωνικά

Japanisch

εγώ

ich

εσύ

du

αυτός / αυτή / αυτό

är / sie / es

εμείς

mir

εσείς

ihr

αυτοί / αυτές / αυτά

sie

ποιος / ποια / ποιο;

wär?

τι;

was?

πώς;

wie?

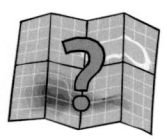

πού;

wo?

πότε;

wänn?

όνομα

Name

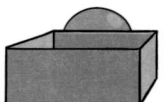

πίσω

hinder

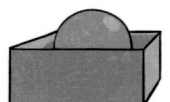

μέσα

in

μπροστά

vor

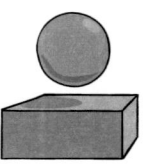

πάνω από

über

πάνω

uf

κάτω

under

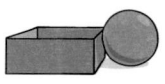

δίπλα

näbe

ανάμεσα

zwüsche

μέρος

Ort